元OA機器営業マンが教える

サラリーマンはなぜ大阪で中古ワンルームを買うのか？

FR planning株式会社 営業企画部部長
宅地建物取引士
原田 宏治

はじめに

本書で紹介する「ワンルームマンションを保有して家賃収入を得る」という投資の仕組みは極めてシンプルであり、特にサラリーマンの方には適していると私は感じています。しかしながら、関心を持って話を聞いてくれる人はまだまだ多くありません。

私も不動産とはまったく関係がない企業でサラリーマンをしていた時代が長かったので、話をあまり聞きたくない気持ちはよくわかります。私がかつて勤務していた会社はＯＡ機器を製造・販売する上場企業のグループ会社でした。そのため、会社支給の携帯電話やオフィスに、マンション経営を勧める電話が時々かかってきました。見知らぬ営業マンからの電話には抵抗がある上、話を聞いてしまうと断りにくいという思いもあったので、いつもそそくさと電話を切っていました。

そもそも、安定した給与所得が得られる仕事に就いていると、資産運用が必要だとはあまり考えないものです。不動産投資を手がける弊社代表の友人でなければ、私も投資の必要性を認識することなく、サラリーマン生活を送っていたでしょう。

私と弊社代表との付き合いは古く、最初に出会ったのは幼稚園でした。以来、小学校時代は少年野球、中学校時代はバレーボール部などで一緒に汗を流し、大人になってからもその交流は続きました。

大学を卒業後、私が勤めたのは某一部上場企業のグループ会社でした。そこでOA機器を販売する仕事に就いたのです。一方、代表はといえば、大手不動産会社に就職し、忙しく活躍するようになりました。そのため、顔を合わせるのは年に一、二回という時期もありましたが、私が結婚する際の新居探しや、自宅マンションを購入する際などには連絡して相談に乗ってもらうような関係は続きました。

友人同士ですから、会えばさまざまな話をします。当時、代表は医師向けに不動産投資をサポートする仕事をしていたので、マンションの保有や経営が話題になることもありました。代表はただ、仕事の話をしていただけですが、私は彼の話を聞いて、いつしか不動産投資に強い関心を持つようになりました。

そんな中、私にとって転機となったのは働いていた会社の経営方針が大きく変わったことでした。外部からヘッドハンティングされた人材を多用するようになり、現場の意見がなかなか通らなくなってしまったのです。以前にはなかった働きにくさに、「こんな会社で一生働いていけるだろうか」と私は強い不安を抱くようになりました。

そんな思いをある日、代表に話したところ、「今の会社に不満があるなら、うちに来て働かないか」という誘いを受けました。同様の思いをしているサラリーマンは多いはずなので、不安や不満を感じた経験を活かして、サラリーマンの方たち向けのセミナーをやってみないか、というのが彼からの提案でした。

たしかに、私は仕事環境が一変して初めて、働けなくなった時の備えが自分にまったくないことに気づかされました。幼なじみである代表が転職するよう誘ってくれたからよかったものの、そうでなければ先行きの見えない会社で働き続けるか、経済的な不安だらけの状態で、新たな仕事を探すことになったでしょう。

考えてみれば、サラリーマンが働き続けられなくなるのは、私のようなケースだけではありません。病気になった場合や会社が倒産した時など、さまざまなケースがあり得ます。もし、そんなことになったらどうするのか……サラリーマンの私には備えと呼べるような貯蓄や資産はほとんどなにもありませんでした。

本書の執筆にあたっては、自分のそんな経験を今一度思い返してみました。

ワンルームマンション投資はサラリーマンの方がいざという時の備えを作るのにもっとも適した資産運用方法の一つです。にもかかわらず、関心を持ってくれる人が少ないことが、残念でなりません。

一般の投資家がマンションを購入して、経営するためには不動産会社との信頼関係が欠かせません。しかしながら、私自身がそうであったように、話を聞く前に断ってしまう方が少なくないのです。

そこで、私はまず、投資の必要性や不動産投資についての知識を広めることにより、不安を抱くことなくより詳しい話を聞いてみたいと思える人を増やしたいと考えています。弊社代表からも「経験を活かして、万が一の備えを持つ人やサラリーマンを増やしていくことが、原田のライフワークではないか」と常々言われています。ですから、しばしばセミナーを開いていますが、この度は多くの方により簡単に情報に触れてもらえるよう、書籍を出版することにしました。

サラリーマン時代の自分を振り返って思うのは、経済的な備えについて相談できる人が、弊社代表以外にいなかったということです。私は幸運でしたが、多くの人はそのような友人や知人を持っていません。投資が必要であることやどのような投資をするのがよいか、役に立つ知識を教えてくれる人がいないのです。

そこで、本書ではサラリーマンの方に必要な資産運用について解説していきます。中でも、私が今、もっともサラリーマンの方たちに適していると考えている大阪における中古ワンルームマンション投資について詳しく解説していきますから、本書を読めば、メリットや運用方法、リスクについての考え方などを理解することができます。

もちろん人の考え方は十人十色ですし、事情もそれぞれ異なります。中には検討した上で不動産投資は自分には不要という方もいるでしょう。しかしながら、そんな人たちの中にも働けなくなった時の備えが大切であることを理解し、なにか対策を考えなければ、と思う人が1人でも増えるなら、とても嬉しく思います。

原田 宏治

目次

第1章 中古ワンルーム投資はサラリーマンに適している

第2章

なぜ、今、大阪のワンルームマンションに投資すべきなのか?

第3章

2020年は新築よりお手頃価格の中古物件に勝機あり

第4章

大阪でよい物件を見つけて購入する方法

第5章 不動産投資はリスクを知れば対策ができる

第6章 不動産投資で着々と資産を増やしている7人のサラリーマン投資家

第1章

中古ワンルーム投資は
サラリーマンに適している

生命保険としてのワンルームマンション投資

不動産投資を勧める書籍の多くは「儲かる！」「お小遣いを増やせる！」などとうたっています。

しかしながら、実際に物件を提供し、投資家をサポートしている私の考えは少し違います。「そういう風にうまく行く場合もあるが、そもそも大もうけしたり、簡単にお小遣いを増やしたりしたい人に、中古ワンルームマンション投資を含む不動産投資は不向きだ」と思うのです。

それでは、なぜ、サラリーマンに中古ワンルームマンション投資を勧めるのか？それは、生命保険としての機能が非常に優れているからです。すなわち、中古ワンルームマンションを購入すれば、手元からお金を出すことなく、もしもの時の備えと老後の備えを確保できるのです。

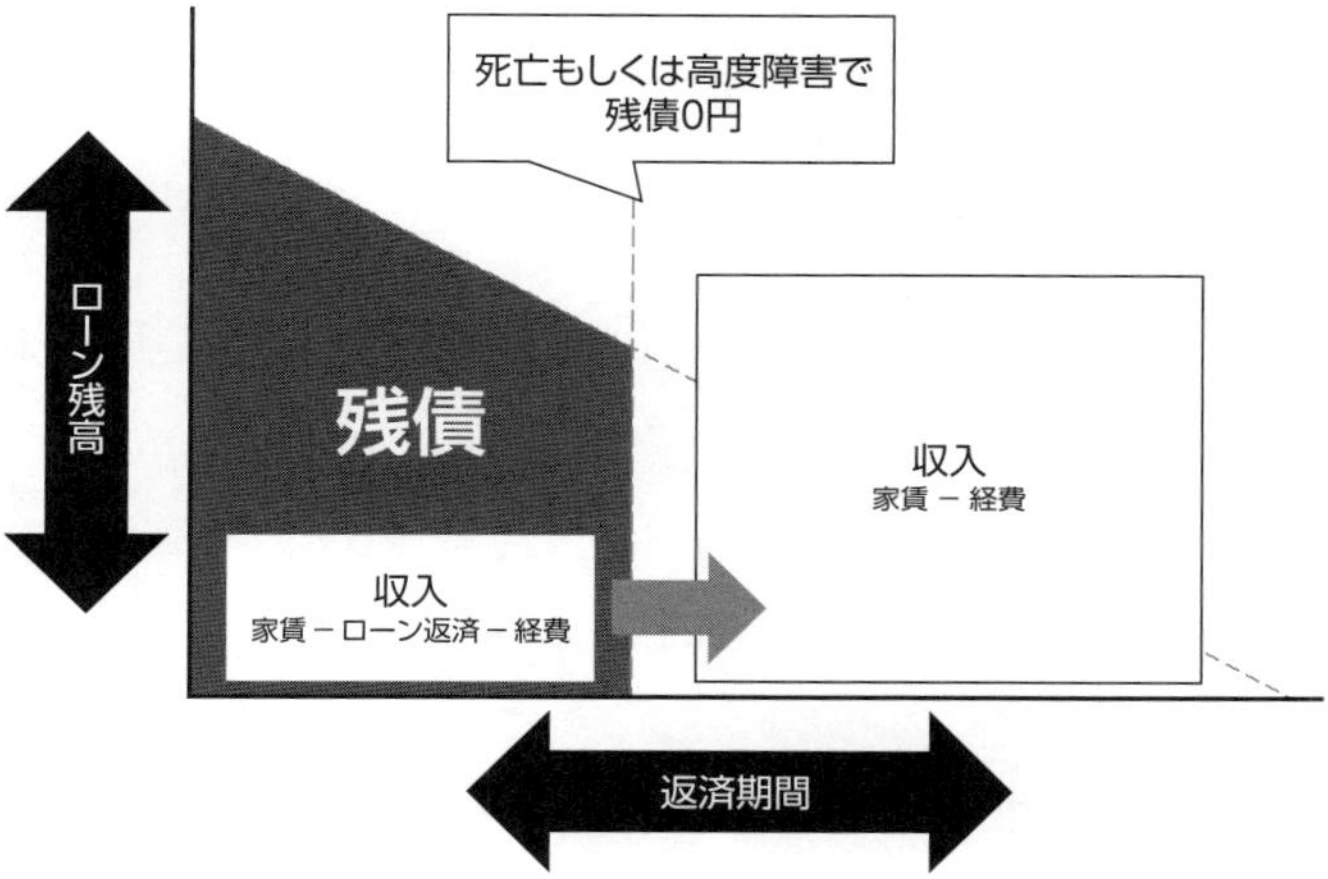

中古ワンルームマンションに投資することが生命保険の代わりになるのは、ローンを利用して物件を購入する時に団体信用生命保険（団信）に加入するためです。

マイホームを購入したことがある人ならご存じだと思いますが、ローンを組む際には団信と呼ばれる一種の生命保険に加入します。ローン返済中、債務者に万が一のことがあった場合、生命保険金で残債を支払ってくれるのが団信です。

住宅ローンは30年以上という長きにわたって返済するケースが一般的です。その間、無事であればよいのですが、大きな事故に遭遇したり、大病を発症したり、あるいは亡くなってしまったりすることも考えられます。そんなリスクをカバーするため、ローンを組む際には団信に加入するよう条件がつけられているのです。

中古ワンルームマンション投資でも同じです。家賃収入が手元に残りやすいよう、中古のワンルームマンション投資ではたいていの投資家が返済期間をなるべく長く設定します。

近年は中古物件の購入に際しても、35年以上という長期ローンを組めるのですが、その分、返済期間中に万が一のことが起きる可能性は少し大きくなります。そこで、中古ワンルームマンション投資でも、ローンを利用する際には団信への加入が条件づけられているのです。

中古ワンルームマンションを購入したサラリーマンに万が一のことが起きた場合、残された家族は故人が保有していたワンルームマンションを相続できます。相続したマンションを購入するために利用したローンは団信の生命保険金で完済されているので、家族は家賃から管理費などの経費を差し引いた金額を毎月、受け取ることができるのです。

家賃は物件を保有している限り、ずっと受け取れるので、残された家族の生活を支える「年金」のような役割を果たしてくれます。また、大きなお金が必要になった時にはワンルームマンションを売却することもできます。

★ワンポイント：がんや生活習慣病でも残債0円に

最近では、債務者が死亡した時以外に、保険会社の定める大きな病気になったり、高度障害が発生したりした時にも保険金を受け取れるものがあります。

たとえば、オリックス銀行が提供する「生活習慣病団信・入院プラス」の場合、がんと診断された場合に加え、保険会社の定めた10種類の生活習慣病（糖尿病、高血圧、腎疾患等）が原因で180日以上入院すると、残債が0円になります。また、病気やケガで入院日数が一定を超えると、月々の返済を保証してもらえるので、その間は家賃収入をほぼそのまま受け取れることになります。同じく、東京スター銀行が提供する融資では、団体信用生命保険において、病気やけがで一定期間以上連続して入院した場合には毎月のローン返済額と同じ額の保険金が支給されるのに加え、5日以上の入院で給付金を受け取れます。このように、医療保険に近い内容の保障が付帯している団体生命信用保険もあるのです。

近年、がんになるリスクは男性で62・7%、女性46・6%と言われています。また、生活習慣病の患者数も年々増加しており、たとえば、糖尿病の患者数は2011年には153万人だったのが、2017年には329万人と2倍以上に増えました。入院を経験する人も多く、2013年の統計では、7人に1人は過去5年間に入院した経験があるという結果が報告されています（生命保険文化センター「平成25年度　生活保障に関する調査」）。

私もそうでしたが、近年は人手不足に悩む企業が増えており、手が回らない中、慢性的な過労状態に陥り、健康面のリスクを抱えている人が少なくありません。

そんな中、ワンルームマンションを保有すれば、多くの人にとって他人事ではないこういったリスクを幅広くカバーできるのです。

中古ワンルームマンション投資に関心がある方は生命保険の見直しを

中古ワンルームマンション投資が生命保険の代わりになることは分かっていただけたと思いますが、それではどちらがよりお得なのでしょう。

図表（22頁）は死亡時保障500万円の終身保険と物件価格1500万円の中古ワンルームマンションを比較したものです。

終身保険と中古ワンルームマンション投資における「保障」をほぼ同等にそろえてみた場合、大きな違いとなるのはやはり出費の有無です。図表を見てわかる通り、終身保険は毎月1万円弱の保険料を支払わなければならないのに対し、中古ワンルームマンション投資ではローンの支払いその他をすべて家賃収入で賄えるので、実質的な出費はほとんどゼロです。

もちろん、あくまで投資なので、たとえば空室になれば、ローンの支払いは自腹

金額シミュレーションでの比較

終身保険とマンション運用を比較して、
払い込み期間の資産状況を比較したシミュレーション

	終身保険	マンション投資
払い込み期間の収支	**約395万円**の支出(30歳) **約438万円**の支出(40歳) **約487万円**の支出(50歳)	約203万円の収入(30・40歳) 約174万円の収入(50歳)
亡くなられた場合の保険金	500万円	0～1,500万円(ローン残債)
亡くなられた後	0円	月々約5万円(家賃収入) または 約800万円～(不動産売却) 賃料5万円 表面利回り7.5%で売却した場合
死亡しなかった場合	解約払戻金 約441万円(30歳) 約463万円(40歳) 約473万円(50歳)	ローン完済後12年で 約500万円(家賃収入) または 約800万円～(不動産売却) 賃料5万円 表面利回り7.5%で売却した場合

団体信用生命保険とは

住宅ローンを利用してマンションを購入される場合、団体信用生命保険への加入を条件としています。

返済途中に万が一のことがあった場合、ローン残債は保険金で一括返済されるため、ご家族にはローン残債のないマンションが残されます。

最近では、がん・生活習慣病・入院時にも保険が適用される商品などもあり、保険としてのマンション経営の価値がより向上しております。

比較条件（年齢設定：30歳・40歳・50歳）

投資マンション

- 物件価格／1,500万円（築13年）　・家賃／67,000円　・固定資産税／60,000円
- 返済期間／35年〈金利1.65%〉（30・40・50歳）
- 返済金額／47,037円（30・40・50歳）
- 管理費・修繕積立金／8,610円　・管理委託料／1,500円
- 月々の家賃収入／4,853円（30・40・50歳）

※シミュレーションでは全期間を通じて年利1.65%となる前提で計算

終身保険

- 払込期間／35年（30・40歳）、30年（50歳）　・死亡保険金額／500万円
- 月額保険料／**9,420円**（30歳）、**10,440円**（40歳）、**13,530円**（50歳）

※数値は生命保険会社における終身保険商品のオンラインシミュレーションより引用。(2019年8月1日現在)

家賃収入

ローン期間中

家賃収入＝家賃－(ローン返済額+管理費・修繕積立金+管理委託料+固定資産税)

※固定資産税は、60,000円÷12ヶ月＝5,000円／月として計算

ローン返済後

家賃収入＝家賃－(管理費・修繕積立金＋管理委託料＋固定資産税)

※家賃／50,000円、管理費・修繕積立金／10,000円
※固定資産税は48,000円÷12ヶ月＝4,000円／月として計算

解約払戻金シミュレーション

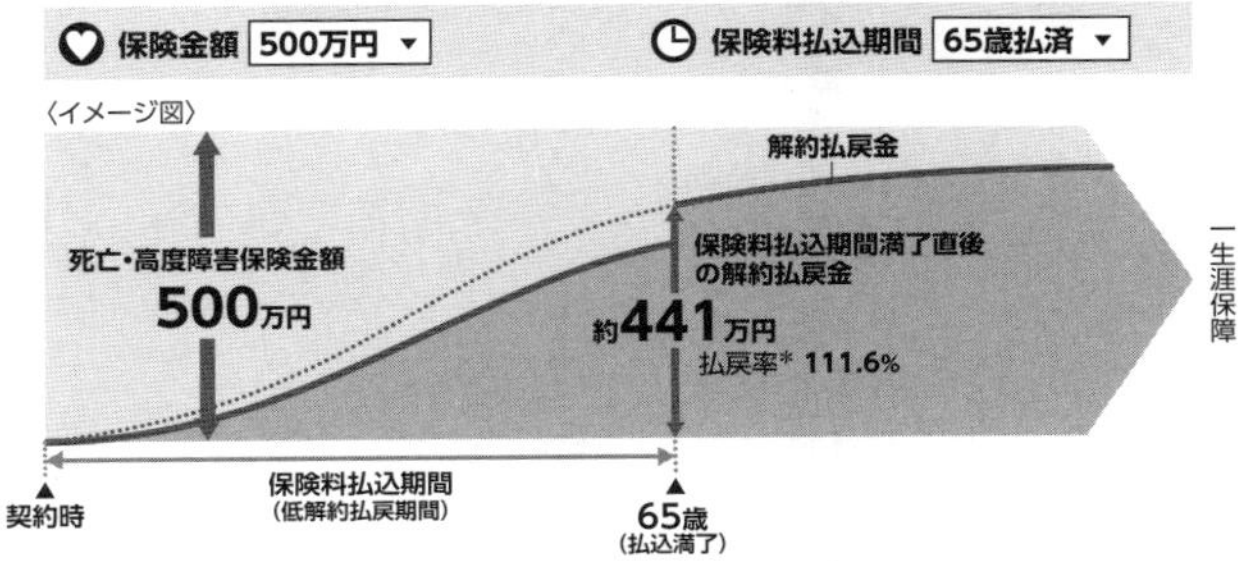

＊払戻率(%)は「解約払戻金÷払込保険料累計×100」で計算したものです。

保険料払込期間満了直後の解約払戻金 (低解約払戻金期間経過直後)	4,416,600円(払戻* 111.6%)
払込保険料累計 (月払保険料 9,420円)	3,956,400円

・低解約払戻期間中の解約払戻金は、抑制されています(低解約払戻期間は保険料払込期間と同一です)。
・低解約払戻期間経過後に解約した場合でも、低解約払戻期間内のすべての保険料の払込みがないときは、解約払戻金は抑制されます。
・解約された場合、以後の保障はなくなります。

です。ワンルームマンションの場合、平均すると3年くらいで入居者が入れ替わり、その際に2か月程度の空室が発生します。このリスクは立地により異なるので、好立地の物件をしっかり選べば長期にわたって空室が埋まらないことはまずあり得ません。

シミュレーションで取り上げた中古ワンルームマンションのローン返済は4万7037円、管理費・修繕積立金は8610円なので、2か月分となると、11万1294円です。3年に1度の出費なので、36か月で割ると、3091円になります。

たとえ、それだけの額を自腹で支払ったとしても、毎月1万円弱の生命保険料より、かなりお得であることが分かります。そう考えれば、空室になっても「損をした」と心配したり不安を抱いたりせずにすみます。本来、保険料として支払うはずだった分をかなり割り引いて支払っているのと同じなのですから。

リスクをしっかり織り込んでも、生命保険に加入するのに比べて、メリットが大きいのです。中古ワンルームマンション投資に関心が持てそうなら、まずは今加入している生命保険を見直す気持ちで、検討することから始めてみてください。

人生100年時代「定年までに2000万円貯めろ」と金融庁

2019年6月に金融庁が発表した報告書は大きな波紋を呼びました。サラリーマンとして働き、厚生年金を受け取る予定の人も、生涯を経済的に困窮することなく送るためには1300〜2000万円の資産が必要とのことです。

ちなみに、２０１６年年度に発表された生命保険文化センター「生活保障に関する調査」によると、老後ゆとりのある暮らしを送るためには、月額34・９万円が必要とされています。同年の総務省統計局家計調査報告データによると、夫が厚生年金受給者、妻が専業主婦という世帯の平均的な年金受給額は22・２万円となっており、差し引きすると12・７万円足りないとされていました。

年間にすると１５２・４万円の不足であり、年金を頼りに20年生活するなら、３０００万円以上不足することになります。ギリギリまで切り詰めた暮らしができないのであれば、それだけ大きな額の資産を老後に向けて築くことが、もともと求められていたのです。

老後の生活不安がここまで深刻化している背景にあるのは国内で急速に進む長寿化です。医療技術の発達を受け、近年は「人生１００年時代」などと言われるようになりました。実際、現在60歳の人のうち４人に１人は95歳まで生きるという試算もあります。これまでとは異なるレベルの「長生きリスク」に備える必要があるのです。

そんな中、注目すべき考え方の一つが「健康寿命」です。人が健康を保って暮らせる年齢の上限を意味する言葉で、平均値は男性72歳くらい、女性では75歳くらいです。一方、平均寿命は男性81歳、女性87歳くらいなので、男性では9年、女性では12年程度、「健康ではない状態」で暮らすのが一般的と考える必要があります。

人生の最後に訪れるこの数年間は働くのが難しく、収入が減少する一方、医療や介護のために費用がかかることもあり、これから老後を迎える人たちは2000万円の資産を自力で用意する必要があるのです。

大手企業勤務でも不安な10年後20年後に備える

経済的な備えが必要なのは老後だけではありません。

大手企業に就職できたら経済的に困ることはほとんどない――一昔前まで、日本にはそんな「常識」がありました。

国内経済が長く右肩上がりで成長し続ける中では、大手企業が倒産したり、リストラをしたりということは非常にまれだったので、そんな「常識」を共有することができたのです。ＯＡ機器の営業をしていた当時の私ももちろん、そんな常識を疑うこともなくサラリーマンとしての日々をすごしていました。

しかしながら、時代が変わり、近年は一部上場企業ですら倒産したり、経営が危うくなって身売りしたりするケースが珍しくありません。平成の31年間で倒産した上場企業は２３３社もあり、うち81社は東証一部に上場していた企業です（東京商工リサーチ発表）。２０００年以降に限ってみても、リーマンショックで多くの企業がダメージを受けた２００８年には上場企業が一気に33社も倒産しています。

経営が傾いた結果、海外に身売りをする企業もしばしば見られます。２０１６年に東芝の白物家電部門が中国メーカーに、シャープが台湾のメーカーに身売りしたのは記憶に新しいところです。身売りや再編に伴い、東芝は中期計画で７０００人規模の人員削減を発表し、シャープも同じく、７０００人の人員削減を計画していると報じられました。

私が務めていた会社でも、数年ごとにある程度まとまった人数のリストラが行われていました。対象年齢でないうちは他人ごとに思えますが、いずれ自分も40、50代になるわけですから、冷静に考えればその対象になる確率は高いと言えます。

もし自分が働く会社が倒産したり、身売りして大規模なリストラ計画がいきなり持ち上がったりしたら……今では、どんな大企業に勤めていても、そんな心配と無縁ではいられません。

大手企業ですら安泰と言えなくなった背景には国内外の事情の変化があります。国内の事情で大きく影響しているのはやはり少子高齢化と人口の減少による市場の縮小でしょう。国内人口は2008年をピークに減少傾向に入っています。2018年の合計特殊出生率は1・43と低く、人口を維持できる最低ラインとされる2・06を大きく下回っています。人口が減ればものを買う人が減少するため、経済規模が小さくなるのは自然な変化です。

外国企業の急成長も、大手企業の経営をおびやかす問題です。中国や韓国、台湾など新興国には、競争力で日本の企業を上回る企業も出現しており、海外市場では特に強力なライバルとなっています。

経営を巡る環境が厳しくなる中、今まで守られてきた終身雇用制度についても存続を危ぶむ声が聞こえてきます。日本自動車工業界の会長であり、トヨタ自動車社長でもある豊田章男氏は記者会見の場で、「終身雇用を守っていくのは難しい局面に入ってきた」と述べました。

もはや大企業に勤務するサラリーマンであっても、10年、20年後も会社が存続し、自分の働く場所がそこにある、とは確信できない世の中になったのです。

中古ワンルームマンションは年金破綻リストラのリスクヘッジになる

将来に不安を感じることなく暮らしていくためには、老後および現役時代に起きる可能性がある経済的な危機への備えが必須です。

特に、年金制度は老後の暮らしを支える基盤にはならない、と認識しておくべきです。

幸せな老後を実現するためには一定以上のお金が必要であり、本来はその資金を賄うために若いころから年金保険料を納めてきたはずですが、30～40年後に現行の年金制度が保たれているとは思えません。少子高齢化が急速に進む中、積立金の運用と世代間扶養に頼ってきた年金制度が現在と同じレベルで将来的にも高齢者の暮らしを支えられる、とは考えにくいためです。

国内の年金制度はプールされてきた資金の運用と現役世代が支払う年金保険料を原資としてなり立っています。ところが、社会の急速な高齢化が進む中、人口における高齢者の割合が年々急増していることで、この仕組みが崩壊しつつあるのです。

2017年10月時点の高齢化率は27・7％にのぼっており、言わば国民の4人に1人は65歳以上の高齢者という状況です。この段階ですでに高齢化社会が到来したと言えますが、高齢者の割合は今後さらに増大します。

2035年には高齢化率が32・8％にのぼると推計されています。もはや3人に1人が高齢者という超高齢化社会が到来するのです。年金保険料を納める現役世代

2人以下で年金を受け取る高齢者1人を支えなければならず、制度の維持はほとんど不可能と考えるのが妥当でしょう。

積立金の運用についても大きな不安があります。政府が「年金制度は100年安心」と語る根拠としている利回りは4・1％という高さです。つまり、元金である積立金を年利4・1％以上の利回りで国が運用できれば、年金制度を維持できると試算しているのです。ところが、直近17年間の平均利回りは3・12％しかありません。年金制度を維持するのに必要な利回りを実現できていないのです。

とは言え、社会不安につながるため、国が年金制度を崩壊させる可能性はそれほど高くないでしょう。ただし、存続はしていても支給額が大幅に削減される可能性はあります。現状でも、節約を意識しなければ年金だけで生活を賄うのは困難です。制度を保持するために支給額が抑えられたら、老後の暮らしを支える経済的な柱にはなり得ません。

急速な少子高齢化という大きな問題に直面している年金制度は老後の安心を保証してくれるものとは言えそうにありません。経済的な不安を抱くことなく、「人生

「100年時代」を生きるためには、働けるうちに自分である程度の資産を築いておくことが欠かせないのです。

資産にはさまざまなタイプがありますが、年金代わりになりやすいのがワンルームマンションなどの賃貸マンションです。毎月入る家賃収入は年金と同じく、月々の生活の支えになります。

月々の収入は老後の備えになるだけでなく、人生におけるさまざまなトラブルに対するセーフティネットになります。前述したような、会社の倒産やリストラ、私が経験したような職場環境の悪化、さらには病気やケガなど、人生にはさまざまなリスクが潜んでいます。

お金があればなんでもできる、というわけではありませんが、一定以上の資産があれば、そういったリスクに対応しやすいのは事実です。倒産やリストラなどで一時的に収入を失っても、その間の暮らしを賄えれば、不安を感じることなく次の仕事を探せます。病気やケガで働けなくなったときも同じく、資産があれば治療中の生活を賄えます。

資産作りは人生における防災活動だと言えるかもしれません。リスクに対する経済的な備えを持っているかどうかで、人生の質は大きく変わるのです。

超低金利時代の資産作りに

とは言え、サラリーマンとして働いている方がどうやって資産を作ればよいのでしょう？　一般的にサラリーマンの資産作りというと、コツコツ貯金することを考える人が大半です。サラリーマンだったころの私も、それ以外の方法を考えたことはほとんどありませんでした。

しかしながら、ワンルームマンションの経営について理解した今となってみれば、貯金のみというのは効率に難があるやり方だと感じます。

そもそも、貯蓄は給与所得で生活に必要なお金を支払った残りにすぎません。住宅ローンを支払い、子供の教育費等を支払った上で、ある程度大きな金額を毎月貯蓄するのは容易ではありません。

定期預金や財形貯蓄など、さまざまな形態の貯蓄がありますが、マイナス金利政策が続く中、金利は微々たるものです。2019年5月時点では、定期預金の金利は高くても0・3%程度です。

1000万円を5年預けても合計で1015万円程度にしか増えません。国内のインフレ率は2017年0・47%、2018年0・98%などとなっており、金利を上回っています。定期預金の金利が0・3%だとすると、預けたお金はむしろ価値が減っていると言えます。

そんな中、サラリーマンの方の資産作りに適しているのがワンルームマンションなのです。

都市部のワンルームマンションは根強い人気がある賃貸物件

ワンルームマンションはバスルームやトイレ、キッチンと居室がセットになった賃貸物件です。生活に必要な設備を1部屋分の空間に効率よく配置してあるため、単身者にとってはたいへん暮らしやすい住居です。

主に都市部にあり、居住者は独身の社会人や単身赴任者、学生などですが、最近では独居の高齢者がワンルームマンションに入居するケースも増えています。動線が短いため、移動に難がある人にとっても暮らしやすいためです。また、交通の便がよく、コンビニエンスストアなど、生活に必要な施設が近隣にそろっていることが多いので、高齢者にとってもメリットが大きい住まいとして注目が集まりつつあります。

コンパクトな分、家賃が比較的安価なのも入居者にとっては大きな魅力を感じる特徴でしょう。

構造は建物の中でもっとも頑丈と言われる鉄筋コンクリート（ＲＣ）造なので、長く品質や強度が保たれます。

ワンルームマンションは耐震性にも優れています。同じＲＣ造の建物と比べても、1室ずつの空間がコンパクトに設計されている分、壁が多く、地震に耐える力が強いのです。

ＲＣ造にはさらに、防音性が高いという特徴もあります。木造のアパートでは、隣人のくしゃみが聞こえることも珍しくありませんが、ＲＣ造は1室ずつコンクリートの壁で仕切られているため、音はほとんど外に漏れません。

防音性能は生活の快適性に直結するだけに、多くの入居者が気にする条件です。居住する目的で賃貸物件を探す際、音の問題からＲＣ造を選ぶ人が多いこともあり、ワンルームマンションは人気が高いのです。

融資で「レバレッジ」を利用して高利回りを実現

そんなワンルームマンションを購入して、家賃収入を得るのがワンルームマンション投資です。この投資がサラリーマンの方に適している理由はいくつかありますが、もっとも大きな理由とされているのが、融資を利用できることです。

資金を貯めて物件を購入するのに比べ、融資を利用すればはるかに効率よく資産を築くことができます。

投資を行うためには通常、元金が必要です。サラリーマンの方が株式や外貨を1000万円分購入しようと思ったら、それだけのお金をまず貯金しなければなりません。生活を切り詰めて毎月どうにか10万円を貯金しても、8年以上かかります。8年かけてお金を貯めてからようやく投資を始められるのです。

融資を利用できれば、その分の歳月を短縮できるので、より早く効率的に資産を増やすことができます。ところが、株式投資や外貨為替（ＦＸ）投資に使う資金を貸してくれる銀行はありません。さまざまな種類がある投資案件の中で、投資する資金を金融機関から借りられるのは不動産投資のみです。

融資を受けて資産を運用するやり方には「レバレッジ」を利用できるという利点があります。「レバレッジ」とは「テコの原理」のテコを意味する言葉です。人が全力を振り絞っても動かせないような大きな物体も、テコをうまく使えれば指一本で動かせます。投資においてもテコ――レバレッジは同じはたらきをします。すなわち、小さな自己資金で大きな資産を運用して大きな利益を上げることができるのです。

たとえば、中古のワンルームマンションを１４００万円で購入する場合、投資家が負担するのは「諸費用」の分だけです。

「諸費用」というのは不動産の取引に際して必要となる「登記のための費用」や「融資の手数料」など物件の購入代金以外の費用を指します。金額は物件によって多少異なりますが、１４００万円のワンルームマンションなら、40万円前後です。

つまり、ワンルームマンション投資では、投資家は自己資金として、40万円を用意するだけで、1400万円の資産を購入し、運用して利益を上げることができるのです。

たとえば、このマンションの家賃が6・5万円なら、年間の家賃収入は78万円になります。40万円の出資で78万円を得られたら、諸経費を差し引いても、利回りは年率100%以上という驚きの高さです。定期預金の利回りは前述のように0・3%程度なので、300倍以上も高いことになります。

収入が安定しているサラリーマンは担保がなくても融資を受けやすい

サラリーマンの方がワンルームマンション投資に向いている大きな理由の一つに、「融資を受けやすい」ということがあります。

たいへん便利で、投資において素晴らしレバレッジを発揮してくれる融資ですが、金融機関は誰にでもお金を貸してくれるわけではありません。返済の確実性について、独自に厳しい審査を行い、合格した借り手にのみ融資を行います。

サラリーマンはこの融資の審査に通りやすいのです。金融機関は借り手のさまざまな特性をもとに判断しますが、重視される項目の一つに、収入の安定性があります。給与所得者は事業経営者や芸能人、スポーツ選手などと比べても収入が安定しているので、返済の確実性が高いと判断されます。

終身雇用や年功序列制度は以前に比べ不確かではありますが、一定以上の収入を獲得し続けやすい働き方であることは確かです。ローンの返済は数十年単位という長さなので、金融機関はその点を融資の審査において高く評価する傾向があるのです。

詳しくは後述しますが、2018年にはそんな融資がやや厳しくなる、という変化も見られました。ただし、それでも不動産会社の選び方次第では以前と変わらず融資を受けられるケースもあるので、融資における勝ち組とそれ以外の差別化が進みつつあると言えそうです。

ワンルームマンション投資の収益は急変しない

収益の変化を細かく気にしなければならない投資は、忙しいサラリーマンの方には不向きです。「会議の最中に大きな値動きがあって価格が暴落した」などということが、株式投資やＦＸ投資では起きる可能性があります。

ワンルームマンション投資の場合にはそういった急変はほとんどあり得ません。収益の変化は家賃収入の変化により発生しますが、「地域の家賃相場がいきなり１万円も下がった」などということは起こらないのです。

したがって、ほとんどの投資家は初心者のうちは保有している物件のことを小まめにチェックしようとしますが、なにも変化が起きないことを実感すると、しだいに家賃の入金を確認するだけになります。

普段は自分がワンルームマンションのオーナーであることを時々忘れている人も

少なくありません。ワンルームマンション投資の収益はそれほど安定性が高いのです。

ワンルームマンション投資ならサラリーマンでも事業主になれる

事業主とサラリーマンの違いは働き方にあります。サラリーマンは基本的に会社の指示したがって業務をこなすので、成果が上がっても上がらなくても、指示された仕事さえこなしていれば、報酬はあまり変わりません。立場や報酬は安定していますが、自己判断で報酬を増やす楽しみはあまりないと言えます。

一方、事業主は自分の判断でやるべき仕事を決め、成果が上がれば、その分、報酬が増えます。もちろん、失敗すれば報酬が激減することもあり得ます。自分で経営戦略を立てて実践する楽しみややりがいはあるものの、自分が選択したことの責任はすべて自分で背負わなければならないというリスクも背負っているのが事業主です。

サラリーマンと事業主という2つの立場を両立できれば、それぞれのメリットを享受することが可能です。実際、近年は副業を認める企業が増えているので、事業を興すサラリーマンの方も増えています。

ただし、本業が忙しい方が副業で事業を経営するのは容易ではありません。たとえば、飲食店を経営する場合には、仕入れをして料理をつくり店舗で提供した上で、日々の売上を計算しなければなりません。

人を雇用すれば、自分ですべての業務をこなす必要はなくなりますが、一定以上の能力があり、しかも信頼できる人材を確保するのは困難です。どうにか雇用できて、店舗が回せるようになっても、いつ辞めてしまうかわかりません。

そんな悩みを持つ方に検討してもらいたいのがワンルームマンション投資です。保有するワンルームマンションを「従業員」と見なせば、事業の一種と考えることもできます。「従業員」であるワンルームマンションがしっかり働いて「家賃」という売上をオーナーにもたらしてくれるのですから、一般的な事業に極めて似ている、と言えます。

ワンルームマンションはさまざまな面で、人間の従業員よりも優秀です。ワンルームマンションはいきなり「辞める」と言い出したりしませんし、病気になったりもしません。さぼることもありませんし、福利厚生も不要です。

同じ借入でも負債のためと資産のためでは意味が違う

サラリーマンの方が借入を利用して購入するものと言えば、マイホームがもっともポピュラーでしょう。私もそうですが、数千万円という購入資金が貯まるのを待つ人は少なく、たいていの人は金融機関からお金を借りて、マイホームを購入します。

ワンルームマンションも同じく借入を利用して購入する不動産ですが、この二つには大きな違いがあります。簿記の基本通りに分類すると、マイホームが「負債」なのに対してワンルームマンションは「資産」に分類されるのです。このことは私も実はワンルームマンション投資を始めるまで知りませんでした。

「負債」というのはマイナスの財産を指す言葉です。マイナスの財産とは時間がたつにつれて、財産を減らすものをいいます。

マイホームはお金を稼いでくれませんし、借入に対しては金利の支払いもあります。マイホームは、典型的なマイナスの財産なのです。

一方「資産」とは経年とともに財産を増やすプラスの財産をいいます。ワンルームマンションは家賃収入を稼ぐことで、財産を殖やしてくれます。たとえば、家賃6・5万円のマンションを20年間保有すれば、1560万円の家賃収入があります。ここから管理費等の経費やローンの金利を支払った残りの分、財産は増加します。

しばしば、マイホームのローンとワンルームマンション投資のローンを一緒に考えて、「負債をそんなに抱えるのは恐い」と言う人がいますが、負債と資産の違いをしっかり理解できれば、むしろ借入を利用してでも資産を保有している方が、単に負債だけしか持っていないよりも安心であることがわかるはずです。

家賃収入はほとんどの場合非課税所得にできる

せっかく収益を上げても、多額の税金を課されると、手元にはお金があまり残りません。たとえば、株式投資であれば、利益の20％を税金として納めなければなりません。

ワンルームマンション投資で得られる家賃収入についてはどうなのでしょう？

実は、ほとんどの場合、ワンルームマンション投資による収益には税金がかかりません。というのも、税金は家賃収入ではなく、そこから必要経費等を差し引いた不動産所得に対してかかるためです。つまり、実際には収益が得られていても、帳簿上で必要経費が家賃収入を上回る場合、不動産所得はゼロになるので課税されないのです。

【経費として家賃収入から差し引ける主な項目】

管理費・修繕積立金：マンションの管理を委託する管理会社に支払う費用および、大規模修繕に備えて積み立てるお金です。

固定資産税・都市計画税：自治体に対して毎年納める税金です。

ローン返済における金利分：ローン返済には元本分と金利分が含まれます。そのうち、建物部分の金利分は経費と認められます。通常は元本の返済が進むのにつれて減っていきます。

減価償却費：物件購入費用のうち建物分を残存耐用年数で割り、経費として計上するものです。

これらの経費のうち、特に大きな金額になるのが減価償却費です。ワンルームマンションの価値は建物と土地で成り立っています。このうち、建物については毎年一定の金額分、価値が減っていくと税法では見なされます。この減少する価値の分を経費として家賃収入から差し引くことができるのです。

★ワンポイント：古い物件ではまれに課税されることも

家賃収入に課税されることはほとんどの場合ありませんが、古い物件を長く保有していると、まれに課税されるようになることがあります。これは、経費のうちローン返済における金利分が減り、減価償却費がなくなってしまうためです。

課税については購入前にシミュレーションできるので、確かめておきたい方は不動産会社に確認してみるのがお勧めです。

資産管理法人を利用した節税方法

前述したように、1～9室程度までなら、特に工夫をしなくても家賃収入に課税されることはほとんどありません。しかしながら、それ以上の規模になると、手元に入るお金を増やすためには節税の工夫が必要になります。

節税の工夫としてよく選択されるのが資産管理法人を設立する方法です。投資家個人の所得を法人に移すことで、課税額を圧縮するのです。個人が支払う不動産所得税は所得が多くなるほど税率が高くなる累進課税ですが、法人税の税率は一定なので、その違いをうまく利用すれば、節税できます。

資産管理法人を使う節税策には主に次のような二つの方法があります。

直接保有型：資産管理会社に物件を保有させる方法です。物件は資産管理会社が保有します。投資家は資産会社に出資し、資産管理会社から報酬を受け取ります。資産管理会社は法人税、投資家は所得税を支払わねばなりませんが、それぞれの税率が違うので、報酬を増減することにより、トータルの納税額を抑えられます。

サブリース型：物件の所有者である投資家が資産管理会社に物件を貸し付ける方法です。資産管理会社は物件を入居者に貸し付けて得た賃料のうち、一定割合を投資家に支払います。

直接保有型

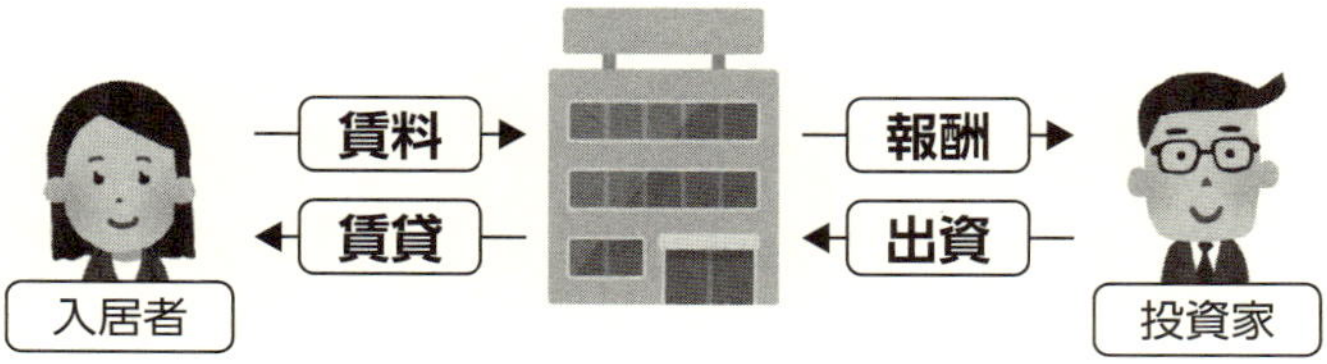

サブリース型

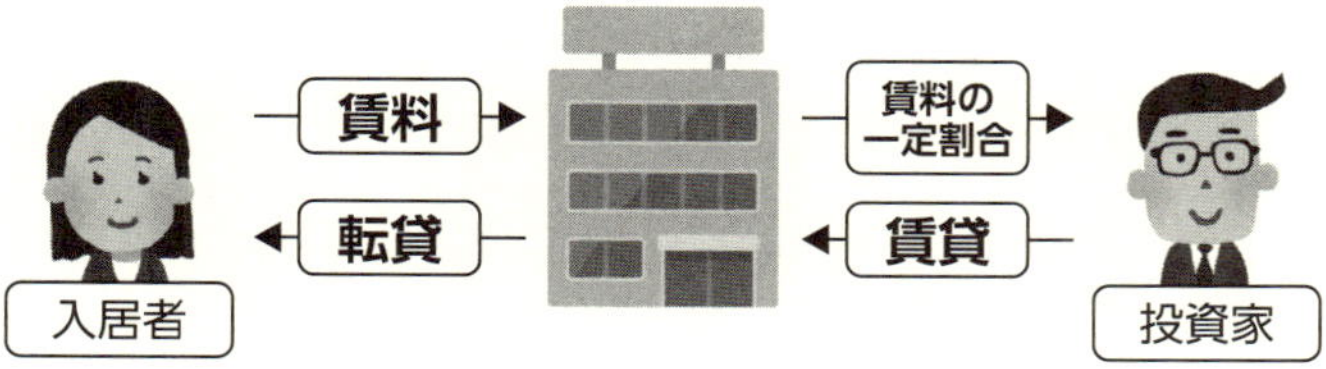

個人の収入を抑えることで、トータルの納税額をコントロールできます。

その他にも、資産管理会社を設立することで、生命保険料を全額控除の対象にできるというメリットも生じます。個人の場合には高額の生命保険料を支払っていても、控除できる金額に上限がありますが、法人が契約者になると、支払った保険料の全額を経費として計上できます。また、資産管理会社を設立すれば小規模企業共済への加入も可能であり、掛金は全額を控除することができます。

★ワンポイント：表面利回りと実質利回りってなに？

投資した金額に対して、一定期間（通常は1年間）にどれだけの利益を上げられたかを示す数値が利回りです。通常は1年間で得られた利益を投資した金額で割ることにより求められます。

中古ワンルームマンション投資を含む不動産投資の場合には、この利回りに「表面利回り」と「実質利回り」の二つがあり、それぞれ目的によって使い分けられます。

表面利回り：物件の購入金額と年間の家賃収入を元に割り出す理論上の利回りです。計算するのが簡単なので、物件の価値を比較するのに用いられます。

実質利回り：中古ワンルームマンション投資では、物件を購入する際には購入代金以外に登記費用や税金、ローン事務手数料などがかかります。また、経営する上では管理費や修繕積立金などの経費が必要です。それらを算入した利回りが実質利回りです。実際にかかる費用を盛り込んでいるため、収支の状況をよりリアルに判断するのに役立つ数値と言えます。

第2章

なぜ、今、
大阪のワンルームマンションに
投資すべきなのか？

商都として古くから栄えてきた大阪

都市としての大阪の起源は東京に比べてはるかに古く、5世紀にさかのぼると言われます。当時開港した難波津では朝鮮や中国等との交易が行われ、さまざまな物品や技術が大陸から持ち込まれました。日本が栄えるための玄関口として誕生し繁栄した都だったのです。

その後、645年に孝徳天皇が難波宮（今の大阪市中央区法円坂）を都としたり、太閤秀吉が大坂城を築いて政治経済の中心に据えたりするなど、国内では政治や文化、そして経済の中心として大きな役割を担ってきました。

現在も、東の中心が東京なら、西日本の中心はやはり大阪でしょう。古い歴史を誇る大企業の中には大阪から発祥した会社が数多く見られます。大半の企業は東京に本社を移転しましたが、そういった企業においても、西日本を束ねる支社はほとんど大阪に設けられています。

東京と比較して、都市部がコンパクトなのが大阪の特徴です。大阪における繁華街はキタと呼ばれる大阪市北部とミナミと呼ばれる大阪市南部に分かれます。キタの中心は梅田で、京都、神戸などの近隣都市と直結するＪＲ、阪急、阪神などの鉄道路線が集まるハブとなっています。

一方、ミナミの中心は難波で、全国的に認知度が高い道頓堀や日本橋の電気街などがあり、最近では買物目的で訪れる外国人観光客が多いことでも知られています。

梅田と難波は大阪メトロ御堂筋線で直結していますが、４駅しか離れていません。街全体がコンパクトに作られており、移動の手間をかけずにさまざまなニーズを満たせることが大阪の大きな特徴と言えるでしょう。

高すぎる東京　お手頃物件がまだある大阪

投資家にとって、物件の価格は投資効率に影響する大きな要素です。前章で解説したとおり、投資効率――利回りは物件の購入に要した費用に対する収益により決まります。物件をお手頃価格で買えれば、それだけ利回りが高くなるのです。

２０２０年の東京五輪を目前に控え、東京の不動産価格は急騰が続いています。２０１９年における公示地価を見ると、東京都の平均は１０９万６４４５円／平方メートルとなっており、前年比４・19％もの上昇が見られます。２０００年の公示地価は64万３８７７円だったので、19年間の推移を見ても、７割以上も地価が上昇したことになります。

一方、大阪府の公示地価平均は29万８４４３円で前年比の上昇率も１・60％にとどまります。２０００年の公示地価平均は32万７３１５円なので、近年は横ばい傾向が続いてきたと言えます。

不動産の価格は基本的に地価と連動する傾向があるので、本書で投資対象として推奨する中古ワンルームマンションの価格も東京が急騰しているのに対し、大阪ではまだそれほど値上がりしていないと見なすことができます。

もちろん、利回りを考える上では物件の価格だけでなく、収益にも着目する必要があります。家賃の相場が低迷しているようでは、いかに物件価格が安くても、高利回りを期待できません。

大阪の中古ワンルームマンションはその点でも、東京に比べて優位性が高いと私は考えています。賃貸マンションの賃料動向を比較すると、２００９年第一四半期を１００とする指数において、２０１８年第４四半期の指数は東京が１０８・27なのに対し、大阪は１１５・20と、東京より高い伸びを示しているのです。

物件価格は横ばいでありながら、賃料は上昇している大阪では、投資に適したお手頃物件が見つかる可能性が非常に高いと言えます。

転出より転入が多い大阪　世帯数も増加が続く

中古ワンルームマンション投資を含む不動産投資について「人口が減る日本では需要減が予想されるので、リスクが大きい」と言う人がいます。たしかに、国内の人口は2008年をピークに減少傾向が続いているので、全国的に見れば住宅への需要が減少するのはたしかです。

ただし、住まいの需要について考える時には、国内全体の人口ではなく一定地域内の人口や世帯の動向に注目すべきです。住まいを探す時、人は「国内のどこか」という探し方をしません。ほとんどの人は通勤や通学の便に照らして「○電鉄○線の沿線」や「○市○区内」といった探し方をします。

そのため、企業が多く、働く場所が集中する東京など、一部の地域に国内では人が集中しており、そういった地域ではワンルームマンションを初めとする賃貸住宅

世帯数の推移

年次	世帯数（世帯）	増減数（世帯）	増減率（%）	1世帯当たり人員（人）
平成20年	1,289,751	16,027	1.3	2.06
21年	1,305,639	15,888	1.2	2.04
22年	**1,317,990**	**12,351**	**0.9**	**2.02**
23年	1,324,740	6,750	0.5	2.01
24年	1,332,002	7,262	0.5	2.01
25年	1,338,910	6,908	0.5	2.00
26年	1,345,055	6,145	0.5	1.99
27年	**1,354,793**	**9,738**	**0.7**	**1.99**
28年	1,373,670	18,877	1.4	1.97
29年	1,392,900	19,230	1.4	1.95
30年	1,412,983	20,083	1.4	1.93

太字は国勢調査結果。その他は各年10月1日の推計人口による。

の需要は根強いのです。

では、大阪はどうでしょう？

詳しくは後述しますが、近年、大阪を中心とする関西エリアはインバウンド景気の影響もあり、経済的に大きく盛り上がりつつあります。そのため、転入する人が多く、2018年には19万9003人が大阪市内に引っ越しています。一方、転出していった人は17万5657人いましたが、差し引きすると2万3346人の転入超過となります。

転出入により、年間2万人以上も人口が増えているのです。

住まいの需要を考える際にはもう一つ、

世帯数についても注目すべきです。住まいのニーズは1人に1件発生するのではなく、1世帯に1件発生するものだからです。

大阪市内の世帯数は近年、右肩上がりで増加し続けています。2010年には131万7990世帯だったのが、2018年には141万2983世帯に増加しており、住宅に対する需要は堅調です。

開業率で東京超え　盛り上がる大阪のビジネス

大阪は近年、起業家の町として大いに盛り上がっています。その年に新規開業した企業の割合を示す開業率が2017年には7・20%にのぼりました。全国平均の6・05%、東京の6・34%を大きく上回っており、大阪経済の活況を示す数字と言えます。

起業家が特に集まるのがキタの中心、梅田エリアです。もともと交通の便がよいのに加え、近年は関西学院大学や立命館大学など、地元の有名私立大学が相次いで都市型キャンパスを開校したことで、起業家の注目を集めるようになりました。

産学が共働して新たなビジネスを生み出すケースが増えており、起業の聖地「梅田バレー」などと呼ばれています。

もともと大阪は東京に比べて権威主義的な気風が少ないため、大企業と起業家の距離が近いとも言われます。その分、起業家にとっては既存の企業と協力しながら成長しやすいというメリットがあります。

大阪における起業フィーバーには全国的な注目が集まっており、関西だけでなく東京の投資家の中にも大阪の起業家に資金を投じる人がしばしば見られるようになりました。

詳しくは後述しますが、依然として高水準にあるインバウンド景気や2025年に開催される万博、計画が進められているIRの誘致などもあり、大阪における起業はますます盛り上がっていくものと思われます。

大阪に本社を移転する企業が急増

大阪経済の活況を示す情報として、本社の転入増加があります。国内では長く、首都圏への一極集中が進んできました。大阪から東京へと本社を移転させる企業も多く、大阪発祥の大企業も、多くが本社機能を東京へと移転させました。２００２年には大阪から転出した企業が過去最多の３１２社にのぼっており、地域の空洞化が心配されたほどです。

そんな中、近年は大阪に本社機能を移す企業が増え始めており、２０１８年には大阪に本社を転入させる企業が１７４社と過去23年間で最多になりました。大阪への本社移転が増えている一番の理由はやはり関西経済の盛り上がりですが、リスクヘッジを挙げる企業も見られます。政府は30年以内に70％の確率で首都直下型の大地震が起きると想定しており、もし発生すれば、東京では大きな被害が発生すると予想されています。大阪に本社機能を移転させることで、そういった大きな災害のリスクヘッジになるというのです。

理由がなんであれ、企業の本社転入は大阪にとって、経済的な好影響をもたらします。大阪に職場が増え、働く人が増えれば、住まいへのニーズも増大します。特に、単身の社会人はワンルームマンションに居住することが多いので、中古ワンルームマンション投資を手がける人にとって、非常に期待が持てる変化だと言えます。

私が以前勤めていた会社でも、転勤者に対する家賃補助はワンルームマンションへの居住が対象となっていました。

インバウンド需要で盛り上がる大阪

大阪の景気が大きく盛り上がっている要因の一つに外国人旅行者の増加があります。観光庁が発表したデータによると、2018年1月～3月期に海外から日本にやって来た旅行者が大阪府を訪れた割合は39・1%にのぼります。日本観光にやって来た外国人の約4割が大阪を訪れているのです。もちろんこの数字は都道府県の中でもっとも高く、東京都や京都府などを上回っています。

そんな大阪の人気は国内の都市だけでなく、海外の都市と比較しても抜きんでています。アメリカのマスターカード社が行った調査では、2009年~2016年にかけての伸び率は24・0%とされており、世界第1位にランクされました。大阪は近年、国内どころか世界でもっとも注目度が高い観光都市なのです。

大阪に外国人観光客が集まる理由はいくつかあります。その一つとして挙げられるのが地理的な条件です。大阪を含む関西エリアには京都や奈良、神戸など外国人にとって魅力のある観光都市がまとまって存在します。そのため、日本を訪れる際には首都圏よりも関西エリアを選ぶ観光客が少なくありません。

大阪は京都、奈良、神戸のいずれにも鉄道利用で30分程度という好立地にあるため、外国人にとって、観光旅行のハブとして利用しやすい都市なのです。空の便で関西国際空港に降り立ち、大阪を観光してから関西一円を回るのが、近年、外国人旅行者にとってスタンダードな旅行プランとなっています。

もちろん、大阪という都市そのものにも、独特の魅力があります。歴史を感じられる大阪城や国内でも独特の文化が味わえる難波、心斎橋などの歓楽街、国内でも食の都と呼ばれる大阪ならではの和食など、外国から訪れた人が楽しめる施設や文化が数多く存在します。

さらに言うなら、近年の観光客増加にはやはり、官民あげての努力も大きく寄与しています。「観光立国」を目指す政府の取り組みにより、日本が海外旅行先として注目を集めるようになったのに加え、大阪府も無料Wi-Fiの整備や標識の多言語化などを進めてきました。「民」では2012年から関西国際空港にLCCが就航した効果が大きいといわれます。それにより、アジアからの海外旅行客が一気に増えました。海外旅行客に対する地道な誘致活動が実を結んだことで、大阪におけるインバウンド景気は空前の盛り上がりを見せているのです。

実際、インバウンド景気の経済規模は大きく、2017年に大阪にやって来た外国人が旅行中に使ったお金は1兆円を超えると試算されています。大阪府のGDP

言えます。

は39兆円あまりなので、経済を支える一つの項目としては、存在感のある金額だと言えます。

そのため、大阪では外国人観光客の急増に伴って、主な経済指標が急激に改善されています。たとえば、総合的な景気判断の指標である景気動向指数は２００８年には97・３でしたが、２０１７年には１２３・５に上昇しました。有効求人倍率も０・94から１・57へ、完全失業率も５・３から３・４へと改善されており、経済的な勢いは数字からも読み取れます。

ラグビーW杯、万博や誘致が期待されているＩＲも

すでに盛り上がっている大阪の経済ですが、２０２５年に予定されている大阪万博とＩＲの誘致により、今後もさらに拡大が続くものと考えられています。

万博会場、ＩＲ（カジノを含む統合型リゾート）施設の誘致先として予定されて

いるのが、大阪市西部にある埋め立て地、夢洲です。もともとはバブル期に計画され、埋め立て工事が進められてきたエリアですが、キタやミナミに比べ、大阪市内の湾岸部は開発が遅れてきました。

そんなエリアで万博が開催され、ＩＲが誘致されるというのですから、大きな経済効果が生まれるものと期待されています。

また、２０１９年に開催されるラグビーＷ杯では国内ラグビーの聖地と言われる東大阪市の花園ラグビー場で、計４試合が行われることもあり、海外からの注目が集まるものと思われます。

【２０２５年万博】

１９７０年に吹田市で開催された大阪万博以来、55年ぶりに大阪で開催される万国博覧会です。「いのち輝く未来社会のデザイン」をテーマに、人工知能（ＡＩ）や仮想現実（ＶＲ）など、最先端技術の体験をコンセプトとします。

１５０か国の参加を見込み、開催は5月3日～11月3日の予定。会場建設費は国、府、市が1／3ずつ負担します。

大阪市では来場者について2800万人と予想。経済規模については2兆円と試算しており、地元経済に大きな好影響があるのではと期待が集まっています。

【IR（Integrated Resort）】

国内では初となるIRの誘致も大阪では予定されています。まだ、正式決定ではありませんが、大阪府の吉村知事はすでに「IR施設の建設や管理を委託する企業の選定を2020年春には行う」と発表するなど、計画は着々と進行中です。

大阪市ではIRへの来場者数を年間延べ2480万人と試算しており、近畿圏への経済波及効果は7600億円にのぼると見込んでいます。

【ラグビーワールドカップ2019】

2019年9月20日から11月2日にかけて、日本で開催されるラグビー世界一を決める大会です。入場者数などで、サッカーW杯、夏季五輪に次ぐ「世界で3番目に大きなスポーツイベント」と言われています。

前回大会では強豪南アフリカを倒すなど、世界的にも日本のラグビーに対する注目が高まっています。出場国は20か国で、大会中は海外から多数の観戦者が訪れると予想されています。２０１９組織委員会がまとめた「ラグビーワールドカップ２０１９大会前経済効果分析レポート」では、訪日外国人客数は最大40万人、大会により生まれる経済波及効果は総額約４３７２億円にのぼると報告されました。

万博やＩＲは大阪の経済に多様な好影響をおよぼすものと考えられています。すでに決まっているものでは、大阪メトロの延伸などインフラの整備が挙げられます。アメリカ、ラスベガスで「ベラージオ」などのホテル・カジノを経営する「ＭＧＭリゾーツ・インターナショナル」が２０２億円とされる延伸費用の負担を承諾した、などの報道もあり、今後は急ピッチでインフラの整備が進むものと考えられています。

交通等のインフラが整えば、地域不動産の価値が上がるため、再開発が活発化するはずです。そういった特需を当て込んだ事業者が集まり、働く人口が増えれば、ワンルームマンションに対する需要は確実に増大します。

実際に万博が開催され、ＩＲの効果で大阪にやってくる外国人観光客が増えれば、大阪のブランドイメージがアップし、世界的な知名度がさらに高まる効果も期待できます。

その結果、国内外から投資マネーが流入すれば、大阪の経済はさらに拡大を続けられるはずです。

大阪で4試合が開催されるラグビーW杯については、海外から観戦者やマスコミ等が訪れることもあり、万博開催やＩＲ誘致に先んじて、大阪の魅力を発信するよいチャンスになるでしょう。直前の２０１９年6月には世界の首脳が集まるＧ20が大阪で開催されたこともあり、今後ますます海外からの注目が大阪に集まるものと考えられます。

鉄道の延伸で人とモノの移動が活発に

都市は人と人とが交流することで価値を生み出す場所であり、大都市圏に大企業が集中するのはそのためです。

人の交流を促すためには鉄道などの交通機関による円滑な移動が欠かせません。ですから、鉄道網の充実は都市の機能を高め、経済が活発化するための重要な要素だと言えます。

図表（72頁）で示した通り、大阪では2019年以降、多数の鉄道延伸が計画されています。それぞれの計画は地域において、交通の便を向上し、不動産の価値を高める効果をもたらすものと考えられます。たとえば、同年3月に開通したおさか東線は「大阪の玄関口」とも言える新幹線の停車駅、新大阪駅と大阪の東部地域を結ぶ路線です。新たに開通したことで、新大阪から奈良へとつながるルートが新

1章 2章 3章 4章 5章 6章

鉄道延伸の動向（構想段階のものを含む）　〈一部弊社想定〉

路線		区間	延伸時期(見込)
JR	おおさか東線	新大阪 ～ 放出	2019年
	東海道本線	北梅田(仮称) ～ 新大阪	2023年
	なにわ筋線	北梅田(仮称) ～ 難波	2031年
	桜島線	桜島 ～ 夢州 (※1)	2030年頃
大阪メトロ中央線		コスモスクエア～夢州 (※1)	2024年
京阪中之島線		中之島 ～ 九条 (※1)	2024年
		中之島 ～ 西九条 ～ 夢州 (※1)	2026年以降
南海なにわ線		北梅田(仮称) ～ 新今宮	2031年
阪急		北梅田(仮称)／西梅田～十三～新大阪 (※2)	－
		曽根 ～ 大阪空港(仮称) (※2)	－

（※1）弊社想定
（※2）国土交通省による「近畿圏における空港アクセス鉄道ネットワークに関する調査」に基づく
（出所）各社プレスリリース、大阪国土交通省資料を基に弊社作成

路線図

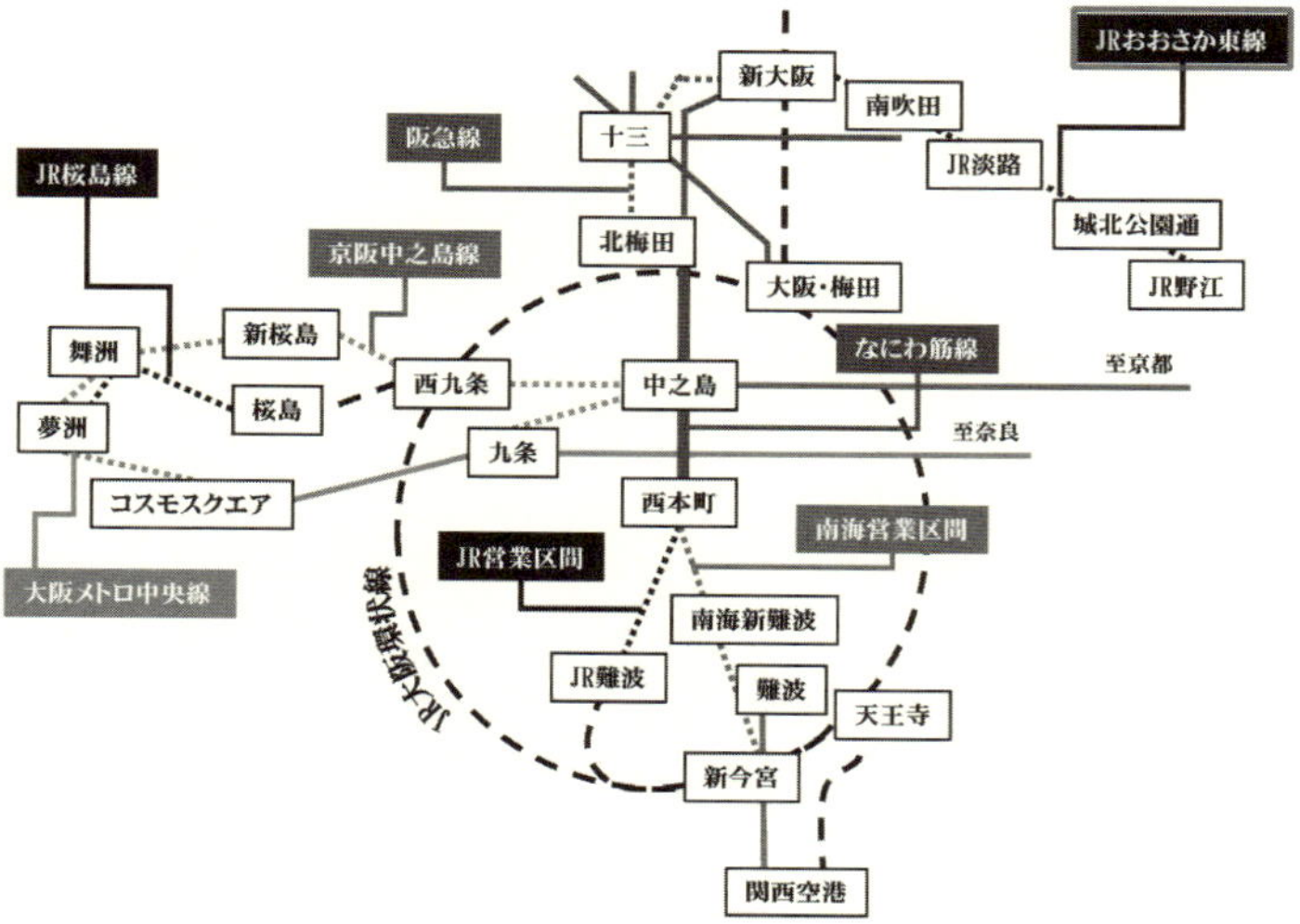

たに確保されたことから、新たな人の動きが生まれています。

その他にも、万博・ＩＲへのアクセスを確保するため、２０２４に開通が予定されている大阪メトロ中央線の延伸など、主な延伸計画だけで８つもが予定されていますが、中でも注目されるのが、北梅田駅（仮称）の新設でしょう。

大阪における交通の要、梅田に新たに設けられる鉄道駅で、京都へと直結するＪＲ東海道本線の他、南海電鉄なにわ筋線(仮称)、阪急電鉄が乗り入れる計画があり、２０２３年に開業すれば、新たな鉄道のハブが大阪に登場することになります。

相次ぐ大型開発プロジェクト

鉄道の延伸と同期するように、大阪の各地では大型の開発プロジェクトが進行中です。たとえば、ビジネスの中心地である中之島には２０２３年の竣工を目指して、「未来医療国際拠点」の整備が進められています。大阪市が中心となって設営を進める再生医療を中心とする医療センターで、最先端医療を提供する病院や臨床治験を行う施設、研究施設などが入る複合的な施設です。「中之島Multi-linkS」と呼ばれるこの施設では、未来医療を国際的な産業と位置づけ、最先端の施設を集約することで、『知の循環』の促進を目指しており、国内外から注目が集まっています。

同じく、大阪市内では前述した北梅田駅を含む「うめきた」の整備計画がこれからいよいよ佳境に入ります。JR大阪駅に隣接する「うめきた」は「大阪最後の一等地」とも呼ばれる都市部ど真ん中の空き地です。広さは約24ヘクタール（東京ドーム5つ分）もあるため、一期、二期に分けて開発計画が立てられました。

一期工事では六本木ヒルズなどと同じく、オフィスやテナント、ホテルなどが入る高層ビル、グランフロント大阪が建設され、地域の人気スポットになっています。二期工事で開発されるエリアは一期の2倍以上の広さがあり、産官学の交流を促すゾーンや都市公園、さらには商業施設やホテル、会議施設などを含む巨大施設が設けられる予定です。

さらに大阪の空の玄関口である関西国際空港の周辺地域、りんくうタウンでも、再開発が進められています。同地域ではバブル期にオフィス・ホテル・商業施設などを備えた超高層ビル群の建設が計画されていましたが、バブルの崩壊を受け頓挫した経緯があります。

近年になり、インバウンド景気が盛り上がる中、高層のツインタワービルを中心とする再開発計画が急ピッチで進行しており、２０２３年には27階建てと18階建てのツインタワーが完成する予定です。

★ワンポイント：単身世帯増で需要が高まるワンルームマンション

ワンルームマンションの需要は今後も順調に伸び続けると予想されます。需要増の背景にあるのは単身世帯の増加です。国内では長く、単身世帯が右肩上がりで増加してきました。

その増え方は著しく、１９８５年には全国で７８９万世帯だったのが、30年後の２０１５年には１８４２万世帯と30年間で２・３倍にまで増加しています。総世帯数に占める割合も、20・８％から34・５％に急増しており、今や3世帯に１世帯は単身世帯となりました。都市部ほど単身世帯の割合が高く、大阪市では全世帯の48・7%が単身世帯です。

都市部ほど単身世帯が多いのにはいくつか理由があります。大学や企業が多いため、単身で暮らす学生や独身の社会人、単身赴任者などが多いのは都市部ならではの事情です。

これまでは独身の社会人は結婚して家庭を持つとワンルームマンションを出て、ファミリータイプの住宅に住み替えるのが一般的な流れでした。30代半ばまでにワンルームマンションを「卒業」する人が多かったのですが、近年はワンルームマンションに長く住み続ける人が増えています。非婚化が進んでおり、独身のまま歳を重ねる人が増えていることもあり、単身世帯が増加しているのです。

近年はさらに、独居の高齢者が増えていることからも単身世帯が増加しています。地方では二世代、三世代の同居がまだ当たり前に見られますが、都市部で生まれ育った人はもともと多世代が一緒に暮らす文化にあまり馴染んでいないため、配偶者が亡くなって一人暮らしをするようになっても、子供の家族と一緒に暮らそうとはあ

単身世帯の全体的動向—1970年からの長期的推移

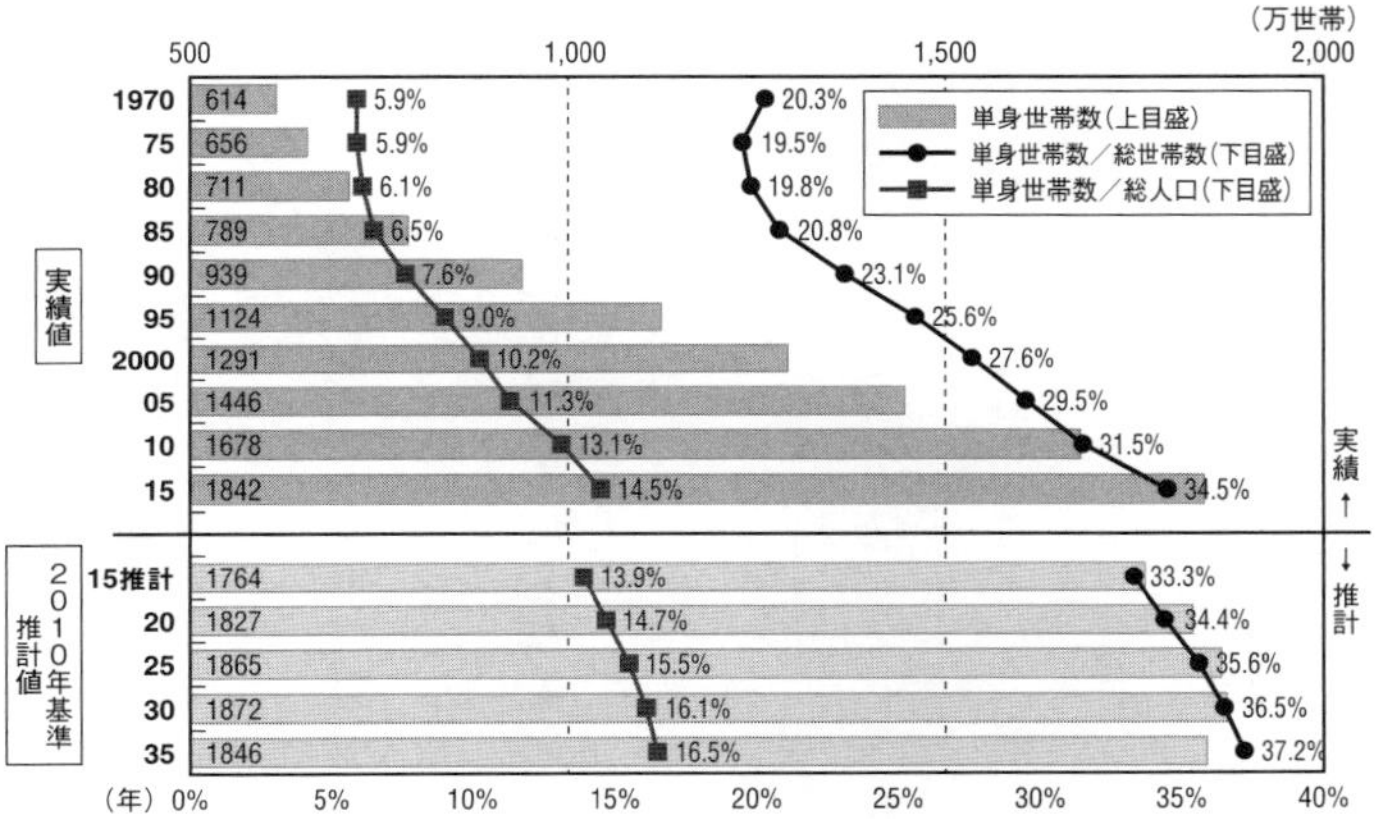

（資料）2015年までの実績値は，総務省『国勢調査』。2015年以降の「単身世帯数」「総世帯数の推計」は、国立社会保障・人口問題研究所編『日本の世帯数の将来推計（全国推計）—2013年1月推計』。また、2015年以降の「総人口」の推計は、国立社会保障・人口問題研究所編『日本の将来推計人口（2012年1月推計）』（中位推計）。上記資料により、筆者作成。

まり考えないのです。

都市部では今後、高齢化が急速に進むため、高齢者の単身世帯が急増するでしょう。そんな老後の一人暮らしにワンルームマンションは適しています。

一戸建て住宅の多くは二階建てなので、階段の上り下りができなければ住むのに苦労しますが、ワンルームマンションはワンフロアなので階段がありません。

コンパクトなスペースに居室やキッチン、風呂、トイレなどが効率よく配置されているため、生活動線が短いのもワンルームマンションの特徴です。高齢になるとベッドから起き上がってトイレに行くのがしんどい、という人も少なくありませんが、ワンルームマンションなら生活のために必要な移動を減らせます。

駅前など、便利な立地にあるのも、高齢者にとっては嬉しいメリットです。ワンルームマンションの多くは都市部の駅近にあるため、電車などの公共交通機関を使いやすい上、コンビニなど生活に必要な施設もたいてい近所にあります。

将来的にはあらゆる年齢層でワンルームマンションに対する需要が増えると考えられます。

第 3 章

2020年は
新築よりお手頃価格の
中古物件に勝機あり

新築物件に比べて中古物件は割安

ほとんどのモノは新品の時にもっとも価格が高く、中古で取引される際には価格が低くなります。ワンルームマンションも同じです。その時の相場や物件の状態、築年数などによって取引価格は上下しますが、ほとんどの場合、中古の物件は新築に比べてかなり割安です。

価格が低いことはワンルームマンション投資において、非常に大きなメリットです。なによりも、初期投資が少なくてすむので、資金調達のハードルが下がります。3000万円用意するのはたいへんでも、1000万円ならなんとかなるという人は少なくありません。新築の物件を購入するのが難しい人でも、中古ワンルームマンションなら購入できるケースが多々あります。

これから投資を手がける方にとって、いきなり大きな資金を用意するのは、心配も大きく、実際にはリスクがほとんどないにもかかわらず、「失敗したらどうしよう」という不安から最初の一歩を踏み出せない投資未経験者は少なくありません。そんな方でも大阪の中古ワンルームマンションなら、大きな不安を感じることなく購入できるので、気軽に始められるのです。

まだ若い方や年収が伸び悩んでいる方、勤め先の規模が小さい方など、大きな額の融資は難しいという人でも、十分手が届く価格で良質の物件を購入できるので、安心して投資を始めることが可能です。

価格については中古で購入した物件は下落率が小さいという利点もあります。新築と築5年ではそれなりの価格差がありますが、築10年と築15年の差はそれに比べてかなり小さめです。

ですから、中古ワンルームマンションは新築に比べて価値が維持されやすいと言えます。購入した時の相場次第では、数年保有した後に買値よりも高い価格で売却できることもあります。買った値段より高く売って、差益を得られることもあるのです。

利回りがよく、安定した経営が可能

新築に比べて価格が低いため、利回りがいいのも中古ワンルームマンションの特徴です。一般に、経年により物件価格は低下しますが、家賃はそれほど大きくは下落しません。

たとえば、2000万円で購入した新築ワンルームマンションが10年後には1400万円で取引されることはごく一般的に見られます。10年で価格が3割低下したことになります。

一方、新築時の家賃が7万円だったとすると、たいていは10年後、6・5万円以上に保たれています。競合物件がどの程度存在するかといった個別事情で異なりますが、家賃が10年で3割も下落することはまずあり得ません。

ですから、通常は新築より中古の方が投資の利回りはかなり良好です。その分、

新築vs中古 利回り比較

新築
ワンルームマンション

新築
価格:2000万円
家賃:7万円
管理費・修繕費:7000円
表面利回り:4.2%

中古
ワンルームマンション

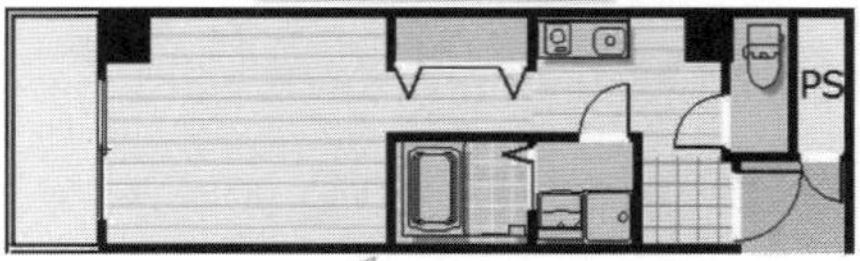

築年数:10年
価格:1400万円
家賃:6.5万円
管理費・修繕費:7000円
表面利回り:5.57%

ローンの返済もしやすいので、安心して経営できます。

安定した経営という面ではもう一つ、中古物件の場合には、購入時すでに入居者がついていることが多い、という利点があります。空室期間がなく、入居者を獲得するためのコストがかからないので、不安や負担をあまり感じることなく、経営を始められます。

中古ワンルームマンションは駅近など好立地の物件が多い

単身者とファミリーでは住まいに対するニーズが違います。子育て世帯は一般に、子供がのびのびと育つよう、緑が多い郊外を好みます。また、家族が多いため、住まいにある程度以上の広さや部屋数を必要とするので、面積あたりの家賃が安い郊外で住まいを探す傾向が強いのです。

単身者の場合には事情がかなり異なります。学生や独身の社会人、単身赴任者が多いので、日中はあまり家にいません。1日のうち活動している時間の大半を学校や職場で過ごし、家では寝る以外あまり長い時間を過ごさない人が多いのです。ですから、住まいに部屋数や広さは求めませんし、緑の多い環境などにもそれほど関心がありません。それよりも通勤・通学の便を重視するので、ワンルームマンションは都心へのアクセスがしやすい路線の駅近に作られることが多いのです。

大阪では梅田や本町、難波などに直結する路線の人気が高く、単身者の多くはそういった路線の駅近で住まいを探します。そのため、好立地の物件は古くなっても家賃が下がらず、物件としての価値も高いまま維持されます。

ところが、通勤・通学の便がよい路線の駅前ほど、人気が高いのは昔から変わらないので、早くから開発が進められ、ワンルームマンションが建てられてきました。そのため、物件を新たに建てる用地はもはやなかなか見つかりません。好立地の新築ワンルームマンションが売りに出されることは非常に少なくなっているのが現状です。

単身者に人気が高いエリアほど、中古ワンルームマンションが多いのです。

リノベーションにより、賃料を大幅アップ

物件の状態がそれぞれ違うのも中古物件の大きな特徴です。新築の物件は設計通りの仕様であり、状態に違いはありません。一方、中古ワンルームマンションは築年数により状態が異なるのはもちろん、築年数が同じでもオーナーによるメンテナンスやリフォームの頻度や程度が違えば、物件の状態には大きな差が出ることがあります。

同じ築20年の物件でも、オーナーがしっかりメンテナンスやリフォームをしていた物件はきれいな状態を保っていますが、そうでない物件はそれなりに劣化していることがあります。そのため、頑張って探せば、思わぬ掘り出し物が見つかるケースも少なくありません。

中古ワンルームマンションの場合にはさらに、購入後自分でリノベーションを行

うことで、賃料を大幅にアップできることがあります。ワンルームマンションは通常、築後古くなるほど家賃が下落します。

しかしながら、リノベーションにより物件の魅力を向上できれば、賃料をより高く設定しても、入居者がついてくれます。

もちろん、リノベーションには費用がかかりますが、費用対効果を見据えて、適切なリノベーションを行えば、効率よく利回りをアップできます。

ある投資家が１２００万円で家賃５万円の中古ワンルームマンションを購入したとしましょう。そのまま経営すると、この物件の表面利回りは５・０％です。もちろん、利益は確保できますが、物件の対象層がより魅力を感じるようリノベーションをすれば、賃料を引き上げることが可能です。

たとえば、１５０万円をかけて「床を無垢材に貼り替える」「混合水栓を使いやすいシングルレバーに交換する」「壁をクロスではなく、質感がおしゃれな塗装壁にする」「傷みが目立ち始めた建具にダイノックシートを貼ってきれいに補修する」「おしゃれな間接照明を導入する」「天井材を取り払って天井高を高くする」などの工事を行ってみるのです。

特別な魅力を加えて競合とうまく差別化できた物件については、「そんな部屋を探していた」という強いニーズを持つ人が現れるので、賃料を大きく引き上げることが可能になります。

5万円だった賃料を6万円に引き上げられたら、60万円だった年間の賃料収入は72万円に増え、利回りも5・33％にアップします。150万円分の出資が必要ですが、月額1万円（年額12万円）の家賃増を生み出すと考えると、コストに対する利回りは年率8％という高さになります。

リノベーションの効果は物件を売却する際にも現れます。中古ワンルームマンションの売買価格は利回りに基づいて決まるケースが多いので、利回りが高くなれば、その分高く売れるのです。

また、物件の魅力がアップすれば、入居率が上がるため、総合的な収益増を実現できます。

方法により異なりますが、リノベーションをすることで、リフォームの費用を抑えられる場合があります。たとえば、壁のクロスを剥がして直接ペンキを塗れば、入居者が入れ替わる際には、汚れた部分を塗り直すだけできれいになります。同様に、床をエイジング加工した無垢材に貼り替えれば、汚れや傷が目立たず、かえって「味」と認識してもらえるので、リフォームの頻度を少なくできるのです。

中古物件の返済期間は銀行目線の耐用年数で決まる

銀行から融資を受ける際にはさまざまな条件が定められます。中でも大切なのが、「借入額」「金利」「返済期間」という3つの条件です。それぞれの条件次第で、月々の返済額が変わるので、中古ワンルームマンション投資においても融資の条件は収益に影響する大きな要素と言えます。

一般的に借入額が大きくなったり、金利が高くなったりすれば、返済額が膨らむのは理解しやすい事柄だと思います。一方、不動産投資を手がけたことがない人にとって、重要性がわかりにくいのが返済期間です。

返済期間というのはローンを完済するまでの期間を言います。融資を利用した投資家は10年ローンなら10年で、30年ローンなら30年かけて、借り入れたお金と利息を銀行に返済するのです。融資契約によっては、余裕がある時に余分に返済して返済期間を短縮できる「繰り上げ返済」が認められているケースもありますが、基本的に返済期間の延長はできません。

返済期間の長さにより異なるのが、月々の返済額と総返済額です。たとえば1400万円を金利2・0%で借り入れた場合、返済期間が20年なら月々の返済額は7万824円です。1400万円で購入した中古ワンルームマンションの家賃が6・5万円だとすると、月々の返済額の方が大きいので毎月の収支は赤字になってしまいます。

ところが、返済期間を35年にできれば、毎月の返済額は4万6377円です。これなら、管理費や修繕積立金を支払っても、十分黒字になります。ですから、たいていの場合は返済期間の長い融資契約が望ましいのですが、お金を貸す銀行の側にも事情があるので、投資家が望んだ通りの契約を結べるわけではありません。

銀行は基本的に独自に設定した建物の「耐用年数」もしくは「残存耐用年数」よ

り短い返済期間しか認めてくれません。「耐用年数」というのはある建物が使用に耐えると想定される年数を言います。建物の構造により決まっており、もっとも頑丈とされるＲＣ造については多くの銀行が55年に設定しています。

「残存耐用年数」というのは、この「耐用年数」から築年数を差し引いた年数のことで、ある建物があと何年使用に耐えるのかを銀行が想定したものです。

ですから、たとえば築20年のＲＣ造なら「残存耐用年数」は35年となり、返済期間も最長35年となります。

中古ワンルームマンション投資を手がける人にとって、この返済期間の設定は少し悩ましい問題でした。前述のように、返済期間が短いと月々の返済額が大きくなってしまいます。中古ワンルームマンションの場合には、古い物件を選べば、初期投資を抑えて高利回りを期待できますが、返済期間が短いせいで月々の返済額が大きいと、安定的な経営が難しくなってしまうのです。

しかしながら、中古ワンルームマンションでも、35年以上というローンを提供してくれる金融機関もあるので、中古だから短期で返済しなければならない、というデメリットはほとんどありません。

ただし、返済期間が長くなるとその分、利息の支払いが増えるので、総返済額は増えます。その点には注意が必要です。

★ワンポイント：法定耐用年数についての考え方

法定耐用年数は国税庁が「減価償却費」の計算に使う目的で設定しているもので、「使用に耐える物理的な限界年数」を示すものではありません。

ですから、「法定耐用年数」を過ぎたからと言って、建物が使えなくなるわけではありません。RCの「法定耐用年数」は47年ですが、だからといって築25年のワンルームマンションはあと22年しか居住できないというわけではないのです。車を例に説明すると分かりやすいかもしれません。自動車の法定耐用年数は普通車で6年、軽自動車は4年と定められています。ところが通常、新車で購入した車が6年、あるいは4年で乗れなくなるということはありません。

建物も同じです。実際に、木造住宅の実質的な平均寿命は65年とする研究報告などもありますし、RC造についても、コンクリートの性能に基づいて計算すると120年程度は持つ、と言われています。

第 4 章

大阪でよい物件を見つけて購入する方法

中古ワンルームマンション投資の成否を決めるのは立地

中古ワンルームマンション投資はとてもシンプルな投資なので、ある条件にだけ気をつければ、失敗することはほとんどありません。その条件とは、物件の立地です。

もともと、物件を購入する時には収支のシミュレーションを行います。家賃収入からローン返済や管理費・修繕積立金等の支出を差し引いて、利益を十分確保できるというシミュレーションの結果に基づいて物件を購入するので、赤字が出ることはほとんどないのです。

ただし、唯一気をつけなければいけないのが入居率です。シミュレーション結果は入居者が入る前提で行うため、入居率が低いとシミュレーションとは異なる結果が出てしまいます。

そんな大切な入居率に一番影響するのが立地なのです。

前述のように、ワンルームマンションに住みたいと希望する人たちは都心部へのアクセスがよく、利便性の高い立地を重視します。したがって、駅近にあるワンルームマンションは高い入居率が約束されていると言えます。

この場合の駅近とは、駅まで徒歩で行ける圏内を指します。駅までのアクセス手段にはバスや自転車などさまざまなものがあります。ただし、バスは道路の混み具合等によって時間が不正確、鉄道に比べて最終便がずいぶん早いなどの問題がありますし、自転車の場合には季節により暑さ寒さがこたえますし、雨の日は利用しにくいといった問題もあります。

通勤や通学で毎日電車を利用する人にとって、最寄り駅まで歩いて行きたいというニーズは非常に大きいのです。

駅からどのくらいの距離までを徒歩圏と考えるのかは人によって異なります。普段から運動している人なら20分以上歩いても平気かもしれませんし、ハイヒールを履くことが多い女性の場合は5分以上歩きたくないという人もいるでしょう。そんな中、一般には徒歩10分が一つの目安とされています。暑い日や寒い日があることを考えると、10分以上歩くのは辛いと考える人が多いのです。

物件紹介にはほとんどの場合、最寄り駅までのアクセス方法と所要時間が記載されており、徒歩を推奨する物件では「駅徒歩○分」などと記されています。ちなみに、不動産の世界では、人は分速80メートルで歩くと想定されているので、駅徒歩10分なら、駅までの距離は800メートルということになります。

主に大阪市内の中心6区にある物件を探そう

入居者としてワンルームマンションを探す人たちがもっとも重視する条件は立地です。どんなに住みやすく家賃がお手頃な物件でも、通勤や通学の便が悪ければ、たいていの人は入居を見送ります。

したがって、中古ワンルームマンション投資を成功させるためには物件の立地を選ぶことがもっとも重要です。現在はもちろん、今後も長く需要が保たれるだろうエリアを厳選すれば、空室リスクや家賃の引き下げリスクを避けられます。

大阪で立地を選ぶ際に考えるべきことは梅田や本町、難波など、いわゆるビジネスの中心街にスムーズにつながるアクセスです。自身がビジネス街に勤務する独身の社会人だと想定してみると分かりやすいかもしれませんが、大阪メトロ等の鉄道路線で乗り換えなしに、15分以内に出られる町がやはり理想でしょう。

加えて、地域の雰囲気や生活の利便性なども考慮すると、大阪で多くの物件を扱ってきた弊社がおすすめするのは大阪市の中心にある6つの区（中央区、西区、福島区、北区、浪速区、天王寺区）です。

これらの区には市内を網羅する大阪メトロの各路線や市内の主要エリアを結ぶＪＲ環状線、さらには阪急電鉄、阪神電鉄、京阪電鉄、南海電鉄、近畿日本鉄道などの駅があります。

一つの区にさまざまな路線の駅が多数あるので、区内のほとんどのエリアは最寄り駅まで「駅徒歩10分以内」という条件を満たしています。路線の利便性も高いので、これら6区のほとんどのエリアから、市内でも特別な繁華街である梅田、難波、天王寺へ、15分以内で出ることができます。「職」だけでなく「楽しみ」へのアクセスもよいので、若い単身者からの需要が高いエリアです。
それぞれ、「住みたい」と希望する人が多く、今後も需要が拡大していくと予想されます。加えて最近では隣接する区の中にも、急速に人気が高まっているエリアがあるので、地元の事情に詳しい不動産会社に相談しながら、そういった地域を検討してみるのもよいでしょう。

【北区】
人口：13・4万人
面積：10・34平方キロメートル
人口増加率：+12・0％
（人口増加率は国勢調査における2010年と2015年の比較です）
近年起業の町として注目を集める「梅田バレー」がある北区は大阪における鉄道交通の要所です。梅田にはJR西日本にとって最大のハブステーションである大阪

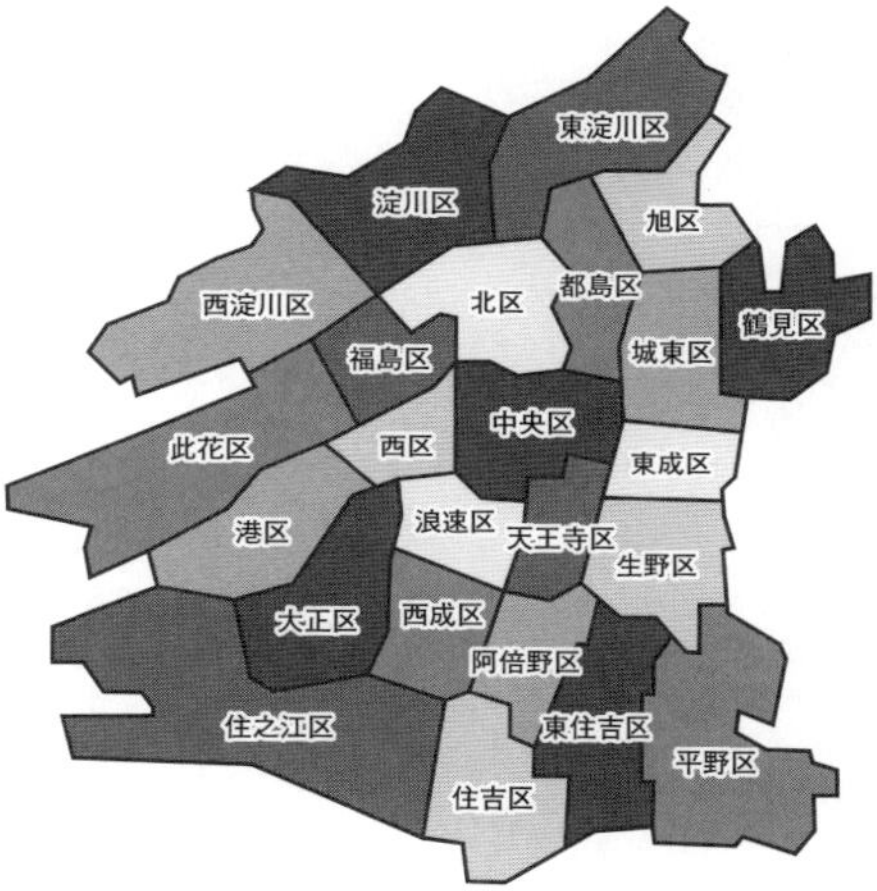

駅があるのに加え、阪急、阪神など私鉄の梅田駅も隣接しています。京都や神戸に複数の路線でスムーズにアクセスできる鉄道網の起点が北区にはあるのです。

区の北部にはデパートなどの大型商業施設を含む繁華街があります。南部は市内最大のビジネス街に連なるエリアで、日本銀行大阪支店や大阪市役所、大阪高等裁判所など重要な施設が集まっています。

【中央区】

人口：9・9万人

面積：8・87平方キロメートル

人口増加率：＋18・3％

市内屈指のビジネス街である淀屋橋、本町、北浜を抱えるエリアであり、大阪を発祥の地とする企業の多くは、中央区に本社を置いています。

また難波、心斎橋といったミナミの繁華街があり、大阪城や道頓堀などを抱えることから、最近では外国人観光客にも人気が高いエリアです。テレビなどで大阪の象徴として紹介されるグリコの看板やカニ料理店の巨大な立体看板などは中央区にあります。

もともとは昼間の人口が少ない区でしたが、近年は再開発が進み、タワーマンションが多数建てられるようになったことから、急速に人口が増加しています。直近の国勢調査では大阪市内でもっとも高い人口増加率を記録しました。

【福島区】
人口：7・6万人
面積4・67平方キロメートル
人口増加率：＋7・7％

北区の西側に隣接する区です。梅田へのアクセスがよく、JR環状線の福島駅から梅田までは1駅です。もともとは中小企業が多く立ち並ぶ工場街で、パナソニックが発祥したことで知られます。近年は閉鎖される工場が増え、オフィスビルや商業施設、マンションへの転換が進んでいます。

区内には住宅が多く、スーパーや保育園などの施設がそろっているため、単身者だけでなく子育て世帯など幅広い層が居住しています。

最近ではタワーマンションが多数建設されるなど、住宅開発が進んでいますが、戦前からの古い長屋なども残っており、再開発が急ピッチで進みつつあるエリアです。

【西区】

人口：10・1万人

面積：5・21平方キロメートル

人口増加率：+11・3%

中央区の西側に隣接する区です。区の真ん中を流れる木津川により東西に分かれており、東側、西側では町の様子が大きく異なります。中央区寄りの東側はビジネス街の雰囲気が強いのに加え、近年はブティックやカフェが集まるおしゃれな地域として若者から支持されています。一方の西側には古くからある鉄工所や物流倉庫などが残っており、下町の雰囲気が強く感じられます。

西区は交通の便がよい区でもあります。四つ橋線、千日前線、中央線、長堀鶴見緑地線といった大阪メトロの路線が区内を網羅し、道路についても市内を東西南北に貫く幹線道路が多数走っています。

企業が数多く集まる北区や中央区へのアクセスがよいことから、住みたい街としての人気も高く、堀江地区では人口急増のあおりを受けて、小学校の教室が足りない、といった問題も現れています。

【天王寺区】

人口：7・9万人

面積：4・48平方キロメートル

人口増加率：＋8・5％

大阪でもっとも古い歴史を誇る地域です。聖徳太子が建立した四天王寺をはじめ、区内には国内でも珍しいほど寺院が密集しており、私立の名門校が多いことから、大阪市内における文教地区とも位置づけられます。

区内にある天王寺駅には区内のビジネスエリアと直結する大阪メトロ御堂筋線やJR環状線が乗り入れている他、府内南部や和歌山県、奈良県へとつながるJRや近畿日本鉄道の路線が乗り入れており、市内外へのアクセス性は抜群です。

天王寺ターミナル付近にはデパートなどの商業施設が多数ひしめいており、梅田や難波に負けない賑わいが見られます。隣接する阿倍野区には日本でもっとも高いビルとして有名な「あべのハルカス」があり、観光客の人気を集めています。

【浪速区】

人口：7・3万人

面積：4・4平方キロメートル

人口増加率：＋13・0％

中央区の南西に位置する小さな区ですが、「通天閣」や「ジャンジャン横町」、電気街として有名な「でんでんタウン」などがそろう、大阪らしい雰囲気の濃いエリアです。

また区内の難波駅には大阪と奈良、名古屋方面を結ぶＪＲ関西本線のターミナル駅がある他、関西国際空港への直通列車が走る南海電鉄が乗り入れており、市外へのアクセス性が高いエリアとしても知られています。

実は一部には古き良き大阪の風景を残す住宅街もあり、リクルート社が発表した「２０１９「SUUMO住みたい街ランキング」関西版」では「穴場だと思う（交通利便性や生活利便性が高いのに家賃や物件価格が割安なイメージがある）駅ランキング」で区内の大国町駅が選ばれるなど、大阪では知る人ぞ知る住みよい町でもあります。

地元の事情に詳しく、信頼できる不動産会社が売主の物件を買う

中古ワンルームマンション投資は物件選びで成否が決まる、と言っても過言ではありません。入居率の高い優良な物件を選べば、長く安定的な収益を得られます。優良な物件を購入するためには売主を選ぶことが大切です。中古ワンルームマンションの売主には物件を保有して投資を行っている投資家（個人もしくは法人）と物件を仕入れて再販する不動産会社があります。

前者の場合は仲介を手がける不動産会社に依頼して、条件に合う中古ワンルームマンションを探してもらうことになります。仲介を手がける不動産会社にとっては売買に際して受け取る仲介手数料が収益源なので、優良な物件を選りすぐって紹介するわけではありません。そのため、彼らが扱う物件は品質も価格も多様であり、投資経験が浅い投資家にとってはその中からよい物件を選ぶのが難しいという問題

があります。

また、優良な物件ほど、情報を常に探しているプロの投資家や不動産会社が買い取ってしまうので、仲介を手がける不動産会社が紹介する物件には優良なものが残りにくいとも言われます。

一方、中古ワンルームマンションを再販する不動産会社は、物件を保有する投資家から仕入れて入居者を引き継ぎ、適切な状態のものを販売します。再販を手がける会社にはプロとして物件の良し悪しを目利きする力があるので、利回りや空室リスクをしっかりと検討し、自社で保有し続けても利益をあげられる、と判断できる物件しか仕入れません。

エリアの需給はもちろん、物件の状態や入居者にとっての魅力などをプロの目で検証し、一定以上の利回りが安定的に上げられると確信できる物件だけを仕入れるので、投資経験が浅い投資家にとってはそういった不動産会社から購入した物件の方が安心感があります。

不動産会社を選ぶ際にはもう一つ、「地元の情報に詳しい会社」を選ぶことが大切です。これまで解説してきた通り、中古ワンルームマンション投資において、長期間安定した収支を実現するためのもっとも重要な条件は立地なので、地元の事情に精通した不動産会社を選ぶことで、エリアの将来性などを見据えたきめ細やかな物件選びができます。

★ワンポイント：中古物件は仲介手数料や瑕疵担保の有無をチェックしよう

中古ワンルームマンションの買い方は主に2つあります。

一つは物件を保有している不動産会社から購入する方法、もう一つは不動産会社に仲介をお願いして物件を保有している個人から購入する方法です。どちらの方法を選ぶかによって、保証および仲介手数料の有無に違いがあります。

購入してから不具合に気づいた場合、補償はどうなるのか……気になるところだと思います。新築物件の場合は建てたばかりなので、不具合が潜んでいる可能性は低く、万が一欠陥が見つかった場合には、売主が責任を持って修繕や賠償をしてくれます。

ところが、中古ワンルームマンションの場合には、前述のように物件ごとに状態が大きく異なります。築年数が同じでも、入居者の暮らし方や投資家のメンテナンスやリフォームに対する意識次第で、状態には差があるので、中には問題を抱えている物件もあるのでは？　と不安になりがちです。

そんな心配をカバーしてくれるのが「瑕疵担保責任」という規定です。「瑕疵」とは傷や不具合を指す言葉で、そんな瑕疵があった場合、責任を持って補償するのが「瑕疵担保責任」なのです。

不動産の売買に関する法律では「物件に隠れた瑕疵があった場合、買主は売主に補償や修繕を求められる」と規定されています。ちなみに、「隠れた瑕疵」というのは「一般的な目視では気づかない雨漏り」などを指します。

新築の物件では一般的に、どんな売主から購入してもこの「瑕疵担保責任」を含むさまざまな保証がつきます。

一方、中古ワンルームマンションの場合には、売買契約における取り決めによって、「瑕疵担保責任」が保持されるケースとそうでないケースがあります。物件を保有する不動産会社から購入した場合には通常、売手は「瑕疵担保責任」を2年間にわたって負いますが、不動産会社に仲介を依頼して個人から購入した場合には「瑕疵担保責任」を負わないよう契約で定めることができるので、売主に賠償を求めることができません。

したがって、不具合の心配がある場合は、前者を選ぶべきでしょう。

融資に強い不動産会社とお付き合いしよう

中古ワンルームマンション投資を手がけるにあたってはハードルが一つあります。銀行から融資を受けられるかどうか、です。

資産家や地主の中には、お金を借り入れることなく、自分の資産で物件を購入して不動産投資を行う人もいますが、サラリーマンの場合には融資を利用するのがセオリーです。第1章で解説したように、お金を貯めて買うのではなく、借り入れた資金で物件を購入するからこそ、大きなレバレッジが生まれるのです。

ただし、銀行は誰にでもお金を貸してくれるわけではありません。100%回収できるという確信を持てなければ融資しないのが銀行の基本的なスタンスなので、融資の前には必ず、融資を申し込んできた人に対して厳しい審査を行います。

審査の対象となるのは主に次のような項目です。

①年収

融資審査でもっとも重視される項目の一つが年収です。銀行により対応は異なりますが、融資額の上限についても「年収の○倍」というルールを設けているケースが一般的です。サラリーマンの場合には年収の8倍程度が融資額の上限です。

年収を確認できるよう、融資を申し込む際には3年分の課税証明書を申込書に添付します。

②勤務先

年収については、金額とともに安定性も大切です。サラリーマンの場合、勤務先によって将来にわたって現在と同等以上の年収を確保できるかどうかの確実性が異なるため、融資の稟議を行う際の審査対象になります。

問われるのは主に収入の安定性なので、もっとも高く評価されるのは公務員です。勤務先の倒産がほとんどなく（国内で企業の倒産にあたる財政破綻に陥ったのは過去、北海道・夕張市のみ）、リストラもほとんど行われないので、返済が滞る可能性が一番低いと考えられているのです。

勤務先が私企業である場合には、会社の規模や上場の有無などが評価の基準になります。現在の年収が高くても、芸能人やスポーツ選手、経営者はサラリーマンより一般に評価は低めです。

③勤続年数

年収を維持するためには継続的な勤務が欠かせません。転職によるキャリアアップを実現する人も少なくない時代ですが、転職にはリスクがあるので、あまりにひんぱんに職場を移る人に対しては銀行もリスクがあると評価します。現在の職場に長くとどまって職歴を積んできた人は将来的にも安定的に収入を得やすいと銀行は考えるのです。

④健康状態

「投資マンションローン」の融資審査では健康状態もチェックされます。継続的に勤務して、安定した収入を得るためには健康であることが欠かせません。また、ローン契約を結ぶ際には団体信用生命保険に加入しなければなりませんが、この保険に加入する際には健康診断の受診もしくは告知書（過去の傷病歴を記載した書類）の提出を求められます。健康に問題がある場合には、団体信用生命保険に加入できないので、融資を受けることができません。

一般的に、年齢が高くなるほど、病気になるリスクは高くなるので、融資のことを考えると、中古ワンルームマンション投資はなるべく早くに手がける方が有利です。

⑤預貯金等金融資産の額

ある程度以上大きな額の金融資産を持っていると、融資審査ではプラスの評価を得られます。預貯金の分、返済余力があると見なされるためです。特に、融資の申込先となる金融機関に口座を持っている場合には融資を受けやすくなります。

⑥購入する中古ワンルームマンションの立地

中古ワンルームマンション投資では家賃収入でローンを返済します。したがって、家賃収入が確実に得られる物件ほど、返済が滞るリスクが小さいと言えます。また、家賃収入がしっかり得られる物件ほど、価値が下落するリスクも小さいので、担保としての価値が維持されます。

家賃収入を保証してくれるのは高い入居率であり、これまで解説してきたとおり、入居率にもっとも強く関わるのは物件の立地です。したがって、銀行は融資の審査に際して、投資家が購入しようとしている物件の立地に注目するのです。

⑦投資マンションローン以外の借入

住宅ローンや自動車ローン、カードローンなどの借り入れがある人は「投資マンションローン」の審査で不利になることがあります。特にカードローンや消費者金融からの借入は「お金にルーズな人かもしれない」と見られてしまうことがあるので注意が必要です。

⑧個人信用情報

個人が支払いを滞納したり、自己破産したりした情報は「信用情報」として指定信用情報機関に送られ管理されます。融資の審査を行う際、銀行は必ず投資家の信用情報を指定信用情報機関に照会します。信用情報にはクレジットカードやローンの利用状況、延滞や自己破産など過去の支払い状況、借入の残高などが含まれており、問題があると判断されると、融資を受けられないこともあります。

携帯電話料金の滞納など、比較的小さな額のトラブルでも問題視されることがあるので、気をつけたいところです。

このように、銀行は融資を申し込んできた人について、さまざまな項目を確認して、融資の安全性を評価します。その結果、返済能力に不安があると判断されたら、融資を見送られてしまうこともありますが、リスクが低いと判断すれば、好条件で資金を貸し付けてくれます。

物件の購入額の満額を融資してもらえる、金利を低めに設定してもらえる、返済期間を長めに設定してもらえる、など有利な条件で融資を受けられれば、投資家はより大きな収益をあげやすくなります。

融資の可否や条件は中古ワンルームマンション投資のパートナーである不動産会社によっても異なります。私の会社もそうですが、物件の売主である不動産会社の中には、銀行と提携している企業があります。

そういった不動産会社をパートナーに選べば、金融機関との間に信頼関係があるので、融資の審査に通りやすくなります。また、好条件での融資が期待できるので、より大きな収益を得られる可能性が高まります。

物件購入時には諸費用がかかることを理解しておく

中古ワンルームマンションを購入する際には、購入代金以外にもさまざまな費用がかかります。各種税金や融資を受ける際の手数料、登記を委託する司法書士への支払いなど、さまざまなコストの支払いが必要なのです。

仲介で購入する場合には、仲介手数料に加え消費税も必要です。

売買手続き等にかかる費用

①登記費用（登録免許税＋司法書士報酬）

購入した不動産を登記する際には「登録免許税」が課税されます。登記の手続きは一般に司法書士に依頼するので、そのための手数料も必要です。登記に必要な費用は合わせて、物件価格の1～1・5％程度です。

売買代金（税抜き）	仲介手数料（税抜き）
200万円以下の場合	5%以内
200万円超、400万円以下の場合	4%＋2万円以内
400万円超の場合	3%＋6万円以内

②仲介手数料

仲介を利用して物件を購入する際、売買を仲介してくれた不動産会社に支払う手数料です。仲介手数料については上の図で示したように、宅地建物取引業法により、売買代金ごとに上限が定められています。

たとえば、1400万円の中古ワンルームマンションを仲介で購入した場合には、1400万円×3％プラス6万円＝48万円の手数料に加え、消費税が課税されます。

再販を手がける不動産会社から購入する場合には、この仲介手数料がかからないというメリットがあります。

③印紙税

契約書、受取書、証書、通帳などを作成する際に課税されるのが印紙税です。不動産売買契約書の作成についても課税されます。課税額は契約金額によって異なり、契約書に金額分の収入印紙を貼付することで支払います。

ただし、2014年から2020年3月31日までは軽減措置として、税額が半分になります。

④不動産取得税

売買により不動産を取得した人に対して、都道府県が課す税金で、物件を購入した後、一度だけ課税されます。物件の課税標準額が基準となり、税率は都道府県により異なります。

⑤固定資産税・都市計画税

固定資産税・都市計画税は毎年1月1日時点で所有している不動産について課税

される税金です。3年ごとに改定される固定資産税評価額に一定の税率をかけて税額が算定されます。

中古ワンルームマンション投資においては、売主がその年の固定資産税・都市計画税を課税されることになります。そのため納税額を日割りで計算して買主の負担額を割り出し、引き渡し時に清算するのが一般的です。

融資を受けるのに必要な費用

①融資手数料

銀行から融資を受ける際に事務手数料として支払う費用です。投資マンションローンの場合、10~20万円程度が目安です。

②火災保険料

融資を受ける際には火災等の災害に備えるため、火災保険に加入するよう求められます。火災だけでなく、台風・竜巻等による損害や落雷、洪水、集中豪雨、土砂崩れ等による被害について、補償を受けられます。また、特約として付加できる地震保険に入れば、大きな地震の被害に対しても備えることができます。

投資家だけでなく、別途、入居者にも火災保険への加入を義務づけるのが一般的です。室内から出火した場合には、入居者が加入した保険により損害に対する補償を受けます。

③団体信用生命保険料

投資家に万が一のことが起き、ローンの返済が困難になったとき、残債を清算できるよう、融資を受ける際には団体信用生命保険に加入します。保険料を別立てで支払うこともありますが、ほとんどの場合、ローン金利の中に保険料が含まれています。前述しましたが、入院時に給付金がもらえる特約が付いているものもあり、投資家にとっては大きな安心を感じられる保険です。

★ワンポイント：融資の仕組みと、銀行の審査が厳しくなっている現状

中古ワンルームマンション投資で融資を受ける流れは次のようになります。

①購入する物件を選択して投資計画を作成する。

立地などの条件をしっかり確認しながら、投資目的に合う物件を探します。購入したい物件が見つかったら、収支のシミュレーションを行います。その際には、融資についても、金額や金利、返済期間を想定して、月々の返済や収支がどうなるのかを確認します。

②銀行に融資を申し込む

物件に関する資料（物件概要書、登記簿謄本、固定資産税評価証明書、公図、住宅地図、販売図面、建物図面、物件写真）や経営に関する資料（キャッシュフロー試算表、物件取得関連費用概算表）、投資家に関する資料（身分証明書、住民票、

保険証、源泉徴収票もしくは確定申告書の控え、課税証明書もしくは納税証明書、借入がある場合は借入返済予定表）をそろえて、銀行に融資を申し込みます。

書類に不備があると、時間をロスしてしまい、希望の物件を購入できなくなることもあるため、手厚く支援してくれる不動産会社を選べば安心できます。

③金融機関により融資審査が行われる

申請時に提出した書類をもとに、金融機関の支店あるいは本店で審査が行われます。投資家の年収や勤務先などに加え、物件の立地や品質、事業計画の確実性などを評価して、融資の可否が判断されます。

④融資の承認を受け契約手続きを行う

融資が承認されたら、投資家は主に3種類の契約を結びます。

【金銭消費貸借契約】

中古ワンルームマンションを購入するための資金を借り入れる契約です。契約には貸付金額に加え、金利や返済の方法、万が一返済が遅れたり、契約内容に違反があったりした場合には、借り入れた資金を一括返済することなどが盛り込まれています。

【抵当権設定契約】

購入する中古ワンルームマンションに抵当権を設定する契約です。抵当権が設定されたことは法務局に届け出て登記する必要があります。

【団体信用生命保険契約】

債務者が万が一、死亡したり健康上の理由でローンの返済が難しくなったりした場合に残債を清算できるよう、団体信用生命保険の加入契約を結びます。

⑤融資が実行され物件を購入する

融資された資金で代金を支払い、物件の引き渡しを受けます。引き渡された物件について所有権移転登記を行い、管理会社に管理を委託して、中古ワンルームマンション投資を開始します。

こういった流れで中古ワンルームマンション投資に対する融資が行われてきましたが、2018年の春以降、実は急激に審査が厳しくなっています。

きっかけとなったのはスルガ銀行によるずさんな融資でした。シェアハウスの購入を希望する投資家に対して、本来は融資が難しいケースでも、書類を改ざんするなどの手口で融資を提供していたのです。

スルガ銀行の不正行為が発覚した後、金融庁は各金融機関に対して、不動産投資に対する融資の見直しを通達しました。その結果、不動産投資向けの融資審査が厳しくなり、融資を受けられる金額もかなり縮小されました。

以前なら通っていた投資案件に融資が下りなかったり、融資を使える場合も、以前なら購入に要する資金を全額借り入れられたケースでもある程度大きな額の頭金や預貯金のエビデンス（預金通帳の原本）を用意するよう求められたりするケースが増えているのです。

統計を見ても、2018年の不動産業向け新規融資は融資の件数、金額とも前年から大幅に減少しています。特にサラリーマンが不動産投資を行う際に利用する「個人の貸家業」向けのローンは、新規貸出額が前年比16・4％も減少し、融資が緩和された2012年以来という水準まで落ち込みました。

投資家にとって厳しい状況だと思われがちですが、逆に言えば、融資さえ受けられれば、他の投資家が手を出せない中で、優良物件を容易に購入できるようになった、と考えることができます。

そこでお勧めしたいのが銀行と提携している不動産会社の利用です。不動産会社が銀行に対して投資家の属性や収益の確実性を保証してくれるので、融資の審査に通りやすくなります。

私の会社でも銀行と提携関係を結んでおり、提携先の銀行が提供するローンを利用する場合には、スルガショック以前とほぼ同じ条件で、融資契約を結ぶことが可能です。

第5章

不動産投資は
リスクを知れば対策ができる

リスクに対応できるのは不動産投資ならではの特徴

他の多くの投資とは異なり、不動産投資には「投資家がリスクをコントロールできる」という特徴があります。

投資には通常、リターンと同レベルのリスクが伴います。国内ではそのため、「リスクがあるから投資など避けた方が賢明」という考え方が一般的でした。しかしながら、それではリスクを負わずにすみますが、リターンを得ることもできません。

第1章で解説した通り、終身雇用が揺らぎ、年金に不安が生じている中、効率的に資産を形成できないことは別の意味で大きなリスクだと言えます。

リスクを避けるのではなく、リスクについて知り、コントロールするのが優れた投資家の戦略ではないでしょうか。

とは言え、株式投資やＦＸ投資において、リスクをコントロールするのは容易ではありません。たとえば、ＦＸ投資において、ドルやポンドの値動きを一般の投資家はコントロールできません。通貨の価値はそれぞれの国における経済情勢や国家間の関係性などによって変動しますが、それらの要因に一般の投資家が影響を与えるのはほとんど不可能です。

投資家にできるのは数時間後、あるいは数日後の為替を予想することだけです。予想が当たれば利益を得られますが、外れれば損失が発生します。言い方は少し悪いかもしれませんが、言わば「丁半博打」と同じと考えて間違いはないでしょう。

一方、不動産投資は売買だけでなり立つものではありません。たしかに、安く買って高く売るという利益の出し方もありますが、よほど目が利き情報収集力が高い不動産のプロでなければできない投資法です。

一般の投資家が中古ワンルームマンションに投資して利益を得る場合、収益の柱となるのは家賃収入です。したがって、高い入居率が期待できるエリアの物件を選び、適切なリノベーションにより家賃を引き上げたり、管理の工夫により空室を抑えたりといった工夫をすることで、リスクに対応できるのです。

★ワンポイント：こんな人は失敗する

投資には向き不向きがありますが、中古ワンルームマンション投資の場合には、長い目で見られない人はしばしば失敗します。

「儲かる！」などと派手な宣伝を打つ会社や書籍を出版する人が多いので、誤解されることが多いのですが、中古ワンルームマンション投資を含む不動産投資はどちらかと言えば、生命保険の代用として利用したり、長期的に資産を築いたりするのに適している投資です。

ですから、キャッシュが入ったからといってお小遣いの一部としてすぐに散財してしまう人は向いていません。たとえば、保有している中古ワンルームマンションの家賃収入からローン返済や管理費を支払っても毎月1万円残る場合、それを使うのではなく、貯めておいて、次の投資に回すのです。

この場合の次の投資とは、修繕費や空室時のローンの返済、繰り上げ返済などです。そんな風にキャッシュを回せばリスクを減らせるので、投資の成功はより確実なものになります。

毎月1万円のキャッシュが残るからと言って、たとえば、3年たつと36万円のお金が手元に残るわけではありません。入居者の入れ替わり時には新たな入居者を募るための費用が要りますし、それに伴い、クロスの貼り替えなどのリフォームも必要です。それらの出費があっても、立地を選べば3年間のトータルでマイナスになることはほとんどありません。

設備故障が相次ぐなどのトラブルで、万が一、3年間で10万円のマイナスが出たとしても、前述のように生命保険料を支払ったと思えば、特に問題のない出費でしょう。中古ワンルームマンション投資で成功するのは、損得をそんな風に冷静に考えられる人です。

リスクについて学び、あらかじめ対策をとる

　リスクが大きな損失につながるのは、想定していない問題が発生した時です。大きなトラブルであっても、起きる可能性があると考え、万全の対策を準備しておけば、損失を最小限に抑えて、確実に利益を積み上げることができます。

　ですから、投資計画を立てる際には、収益に関わるリスクをすべて洗い出しておくことが大切です。

リスク①：空室リスク

　空室リスクは中古ワンルームマンション投資において、最大のリスクです。空室状態が長く続くと、家賃収入でローンを返済するという投資計画を見直す必要が出てきます。

空室リスクが大きい物件の特徴

【原因と対策】

入居率が伸び悩む要因は主に3つあるので、それぞれをしっかり踏まえて対応すれば、入居率をアップして空室リスクを抑えられます。

◆立地に魅力がない

中古ワンルームマンションの入居者は単身者なので、単身者が魅力を感じるエリアになければ、入居率は必然的に低くなります。立地だけは後から変えることができません。したがって、物件を選ぶ際には立地こそもっとも重要な条件だと意識することが大切です。

具体的には前述の通り、中心6区を私はお勧めします。現在人気が高いだけでなく、今後長く、単身者から支持され続けることは確実であり、長期的に安定した入居率を維持できます。

◆物件に魅力がない

どれだけ便利な立地でも、物件に魅力を感じなければ、入居者はなかなか契約してくれません。共用部に汚れやゴミが目立ったり、階段や廊下の蛍光灯が切れていたりしたら、内覧に訪れた人によい印象を与えることはできません。

室内――専有部についても同じです。クロスが浮いていたり、サビやカビが目についたりするようだと、入居に二の足を踏む人は多いでしょう。管理会社には共用部などのハード面を管理する会社と、室内の管理や入居者対応などソフト面の管理を行う会社があります。

物件の魅力を維持する上で重要なのがマンションのハードおよびソフトの管理を請け負う管理会社の役割です。ワンルームマンションを良好な状態に保つためには日常の行き届いた管理と適切なリフォームがカギとなります。

リノベーションについては、限られた資金の中で、顧客層にもっとも強くアピールできる方法を選択する必要があります。ワンルームマンションの専有部については物件のソフト面を管理する管理会社が一番よく知っているため、相談してみることで、費用対効果の高いリノベーション計画を提案してもらえます。

◆客付けが弱い

空室期間をできるだけ短くするためには、新規入居者を呼び込む「客付け」を活発に行う必要があります。「客付け」は通常、ソフト面を管理する管理会社の業務となります。

客付けにはさまざまなコストがかかるので、コストパフォーマンスのよいやり方を適切に選べる管理会社に物件の管理を委託することで、空室リスクを効率よく軽減できます。

★ワンポイント：　空室＝失敗ではない

不動産投資について解説する書籍には、空室期間があると投資は失敗だ、としばしば書かれています。たしかに、中古ワンルームマンション投資を含む不動産投資を手がける投資家にとって、空室の発生は対応すべきリスクの一つです。しかしながら、空室の発生＝失敗ではありません。

入居者が入らない期間があれば、その分収益は減少しますが、そもそも収益性のみで成功か失敗かを判断するのが間違いなのです。中古ワンルームマンション投資には持ち出しなしで保険代わりになる、という大きな利点があります。通常、生命保険や養老保険に加入するためには保険料を支払わねばなりませんが、中古ワンルームマンション投資なら、ほとんど負担なしに、もしもの時やがん、老後の生活資金不足などに備えることができるのです。

そう考えれば、ある程度の空室は許容できるリスクと考えることが可能です。リスクはもちろん最小化すべきですが、「ゼロでなければならない」というわけではありません。

リスク②：金利上昇リスク

ローンには大きく分けて、金利がずっと変わらない固定金利型と市場金利の変動に合わせて上下する変動金利型があります。中古ワンルームマンション投資で利用する投資マンションローンの大半は変動金利型なので、市場金利の動向により月々の返済額が変動します。

【原因と対策】

金利上昇リスクが意識されるのは現在の金利が非常に低い水準に保たれているためです。市場金利の基準となる長期金利は2019年6月に約3年ぶりとなる低金利を更新しました。

今後もしばらくは、低金利が続くものと予想されていますが、ローン返済期間は20年以上という長期におよぶことが多いため、今現在、低いからといって油断はできません。発生するかもしれないリスクの一つとして、金利の上昇を意識しておく必要があります。

金利が上昇すると、単純に月々の返済額が増大します。たとえば1400万円を返済期間35年、金利2・0%という条件で借り入れた場合、月々の返済額は4万6377円です。ところが金利が2%上昇して4・0%になると、返済額は6万1988円になります。この物件の家賃収入が6・5万円、一方、管理費は7000円かかるとすると、ローン返済額+管理費の支払いが家賃収入を上回ってしまいます。

このリスクを抑えるためには、収支に余裕のある資金計画を立てることが大切です。あらかじめ、ある程度の金利上昇が起きても、月々の収支が赤字にならないよう、物件を選び、購入時に頭金を入れて借入額を減らすなどの対策を講じておけば安心です。

また、余裕のある時には繰り上げ返済を行って、残債をなるべく早くに減らすことも有効です。利息は残債に対してかかるものなので、残債が少なければ金利上昇の影響をあまり受けずにすみます。

もっとも、金利が上昇したらすぐに月々の返済額が増えるわけではありません。多くの金融機関では5年ごとに見直しを行い、増額する場合にも最大で1・25倍までという制限を設けているので、いきなり返済が難しくなるという問題は起きないのです。

リスク③：家賃下落リスク

家賃が下落すると単純に収入が減少します。ローンの返済や管理費といった「出ていくお金」は変わらないので、収支が厳しくなることがあり、注意が必要です。また、利回りが低下するため、物件の価値が下がってしまいます。

【原因と対策】

家賃の下落は空室リスクと密接につながっています。物件の魅力が低下して、空室期間が長くなると、入居者を確保するために家賃を引き下げる必要が発生します。通常は、物件が古くなるほど、少しずつ魅力が低下するので、家賃も下落します。

家賃の下落とリフォームのイメージ

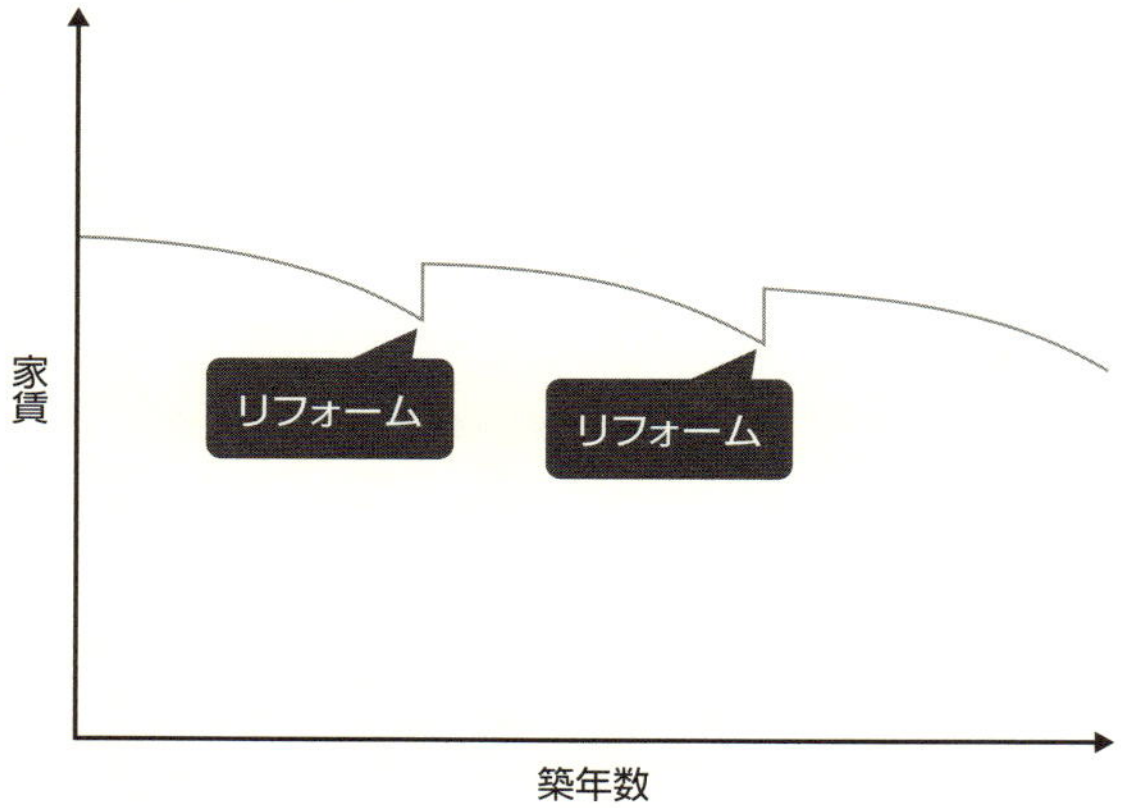

したがって、数年ごとに適切なリフォームを行って、内装をきれいにしたり、エアコンなどの新しい設備を導入したりすることで、物件の魅力を維持できれば、家賃の下落を防げます。

さらに、物件が好立地にあり、エリアに対する需要が高ければ、経年とともに物件が劣化しても空室リスクは低いまま維持されます。本書で推奨している大阪市内中心6区のようなワンルームマンションの需要が特に大きいエリアなら、常に物件を探している入居希望者がいるので、家賃の下落リスクはかなり小さいと言えます。

ただし、ゆっくりではありますが、そう

いった大きな需要が維持されるエリアでも、「築年数を経るごとに家賃が下落するかもしれない」ということはリスクとして織り込んでおいた方がよいでしょう。その上で、キャッシュフローを黒字に保てるよう投資計画を立てておけば、万が一家賃を引き下げることになった場合にも、想定済のリスクとして対応できます。

家賃下落リスクに対して有効なのは繰り上げ返済を行うことです。キャッシュフローの黒字分を繰り上げ返済に充てれば、返済期間を短縮したり、月々の返済額を減らせたりするので、将来のリスクに早くから備えることができるのです。

リスク④：物件価格の低下リスク

一般に、建物の価格は築年数を経るごとに低下します。ただし、所有者が自ら住むための物件と家賃収入を得るためのワンルームマンションでは、価値についての考え方が異なります。居住用の物件は古くなれば価値が下がったと認識されますが、ワンルームマンションは利回りにより価値が判断されるので、家賃収入が維持される限り、価値が下がりにくいと考えられます。

また、市場の動向によっても価格は変動するので、中古ワンルームマンションの場合には「購入した3年後に買値よりも高い価格で売却できた」というケースもしばしば見られます。

このように、物件の価格は保有している中で変動しますが、売却を考えないのであれば、価格が低下してもほとんど問題はありません。物件を増やすことを考えている投資家にとって、担保価値がやや低くなってしまうことが唯一の問題でしょう。

【原因と対策】

前述のように、中古ワンルームマンションの価格は家賃収入と連動します。ですから、家賃を維持できる限り、築年数を経ても価格は下がりにくいと考えることができます。

家賃に関わるもっとも重要な条件は前項で解説したとおり立地です。したがって、大きな需要が継続的に期待できるエリアの物件を選べば、ワンルームマンションの物件価格は低下しにくいと言えます。その意味でも、大阪の中央6区で物件を購入することには大きな価値があるのです。

物件価格の維持を考える上ではRC造の建物を選ぶことも大切です。もっとも頑丈な構造であり、法定耐用年数も47年と長いので、買い手が融資を受けやすいこともあり、価格が高く保たれます。ワンルームマンションのほとんどはRC造なので、もともと中古ワンルームマンションは価格が低下しにくい物件だと言えます。

さらにもう一つ、間取りやデザインも価格に影響する要素です。価値が分かりやすく購入を希望する人が多いので、オーソドックスな間取りやデザインの物件を選ぶのがおすすめです。

購入した物件については魅力を維持する努力をすることで、物件を保有している間に価値が低下するのを抑えられます。きめ細かな管理や適切なリフォームにより、物件をきれいに保つことで、家賃を維持し物件の価格低下を予防できます。

リスク⑤：設備故障リスク

給湯器やコンロ、エアコンなど、ワンルームマンションにはさまざまな設備が付属しています。いずれも入居者が快適に暮らすために提供するものであり、故障があればオーナーの負担で修繕や交換をしなければなりません。

設備が古くなると、故障のリスクは当然、高くなります。故障の程度によって違いますが、修繕や交換にはある程度大きな費用がかかることもあるので、あり得ることと認識して備えておく必要があります。

【原因と対策】

設備の故障はほとんどの場合、経年劣化が原因です。築年数が古く、その間、設備を交換していないワンルームマンションについては、設備故障のリスクがあるものと考えておくべきです。

そんな設備故障の対策としてもっとも有効なのは、設備故障を予想して、あらかじめ備えておくことです。故障しやすいのは給湯器やエアコン、コンロなどの設備なので、修繕や交換に要する費用をあらかじめ確保しておくと安心です。

リスク⑥：入居者トラブルリスク

入居者トラブルについては主に、投資家との間に起きるものと入居者同士において発生するものがあります。前者の代表的なトラブルは家賃滞納です。単に振り込みを忘れたというケースがある他、仕事の状況が変わり支払うのが難しくなった、などのケースもあります。

後者は騒音やゴミ出しなどさまざまなトラブルが考えられますが、ワンルームマンションはRC造であり、遮音性が高いので、騒音のトラブルは比較的少ないという特徴があります。

【原因と対策】

入居者トラブルは入居者の収入や人柄による部分が大きい問題です。入居審査で判断できることもあるので、審査が甘いとどうしてもトラブルが起きやすくなります。

対策としてもっとも有効なのは信頼できる管理会社に管理を委託することです。

中古ワンルームマンション投資では、ほとんどの投資家は入居者対応には関わりません。管理会社に任せることになるので、入居者審査はもちろん、トラブル時の対応などもしっかり行う管理会社に業務を委託していれば、トラブルの発生や深刻化を抑えられます。

家賃滞納については家賃保証会社を利用することで、予防できます。入居者に家賃保証への加入を義務づければ、滞納により投資家が損害をこうむることはほとんどなくなります。

リスク⑦：災害リスク

日本は災害大国と言われます。国内のどこにいても大震災のリスクがあるとされているほか、最近ではゲリラ豪雨や強い台風などの災害も頻発するようになりました。また、人が住んでいる物件においては、どうしても火災のリスクが伴います。

中古ワンルームマンション投資を手がける投資家にとって、災害は避けられないリスクですが、しっかり備えておくことで、損害を最小限に抑えられます。

【原因と対策】

災害により大きな損失が発生する原因は備えの不足にあります。

投資対象として中古ワンルームマンションを選ぶことは一定の備えになります。RC造は火災に強く、万が一室内で火災が発生しても、ほとんどの場合、内装をリフォームするだけで復旧できます。

また、RC造はもともと地震に強い構造ですが、中でもワンルームマンションは支えになるコンクリートの壁が多いので、特に耐震性が高い建物と言えます。

災害対策の基本は保険への加入です。火災については投資家本人に加え、入居者にも加入を求めることで、二重に備えることができます。室内からの出火については入居者の保険でカバーし、それ以外からの火災被害については投資家が加入している保険でカバーできます。

火災保険に付帯できる地震保険に加入しておけば、地震によって被害が発生した際にも補償を受けることができます。火災保険はさらに、台風などの風害や洪水などの水害についても補償してくれるので、加入することにより災害に対して幅広く備えることができます。

★ワンポイント：ワンルームマンション投資はリスクを知ればローリスク・ミドルリターン

投資の世界では通常、「リスクと利回りは比例する」と考えられています。すなわち利回りが高い投資はリスクが高く、利回りが低い投資はリスクも低いというのが投資の常識です。

たとえば、株式投資やＦＸ投資はリスクが高い分、リターンも高い、ハイリスク・ハイリターンの投資です。株価が3か月で2倍になる、というケースはそれほど珍しくありませんし、その逆もしばしば起きます。

一方、元本が保証されている定期預金などはリスクが低い分、リターンも低い、ローリスク・ローリターンの投資です。

そんな中、中古ワンルームマンション投資を含む不動産投資はミドルリスク・ミドルリターンの投資だと言われます。株式投資やＦＸ投資のように、短期間に投資

一般的なリスクとリターンの関係

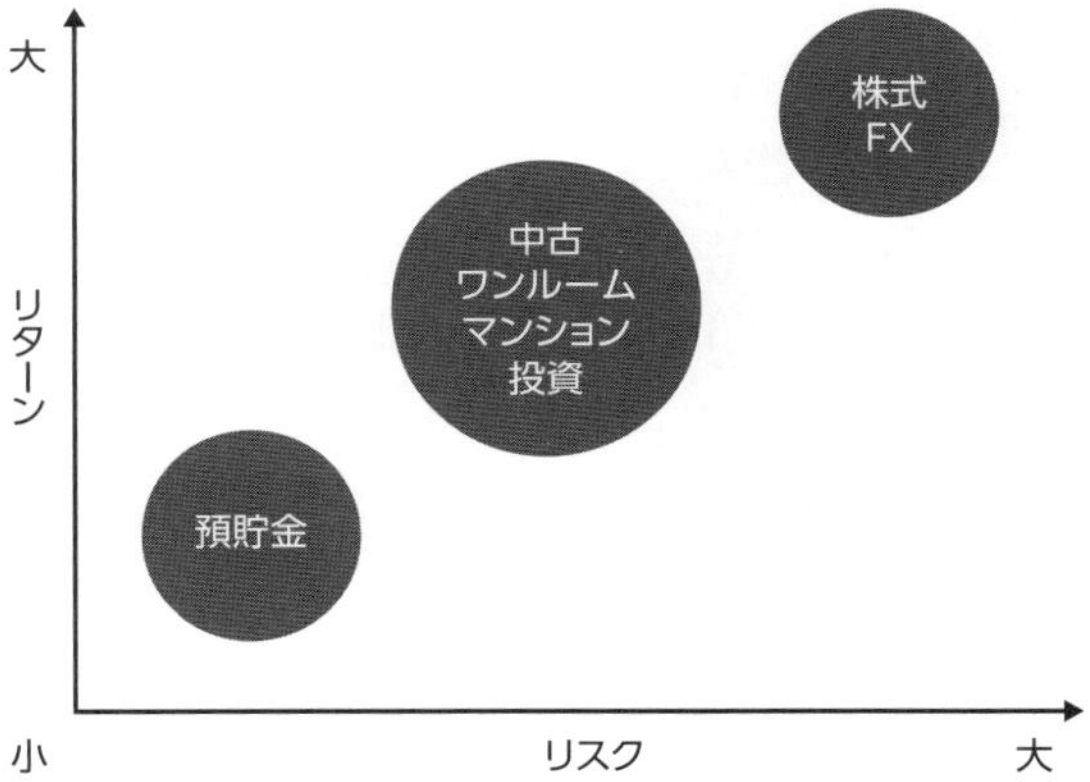

金額が数倍にふくれあがることはありませんが、数分の一になることもありません。かといって、利回りが限りなくゼロに近い定期預金に比べれば、ある程度高い利回りが期待できます。

さらに言えば、前述の通り、中古ワンルームマンション投資におけるリスクのほとんどは発生を予測して、しっかり備えておけば、損失を最小限に抑えることが可能です。そのためには、中古ワンルームマンション投資とはどのようなものか、正確に理解する必要があります。本書などを活用して知識を増やし、リスクを引き下げることができれば、大阪における中古ワンルームマン

ローリスク・ミドルリターンに！

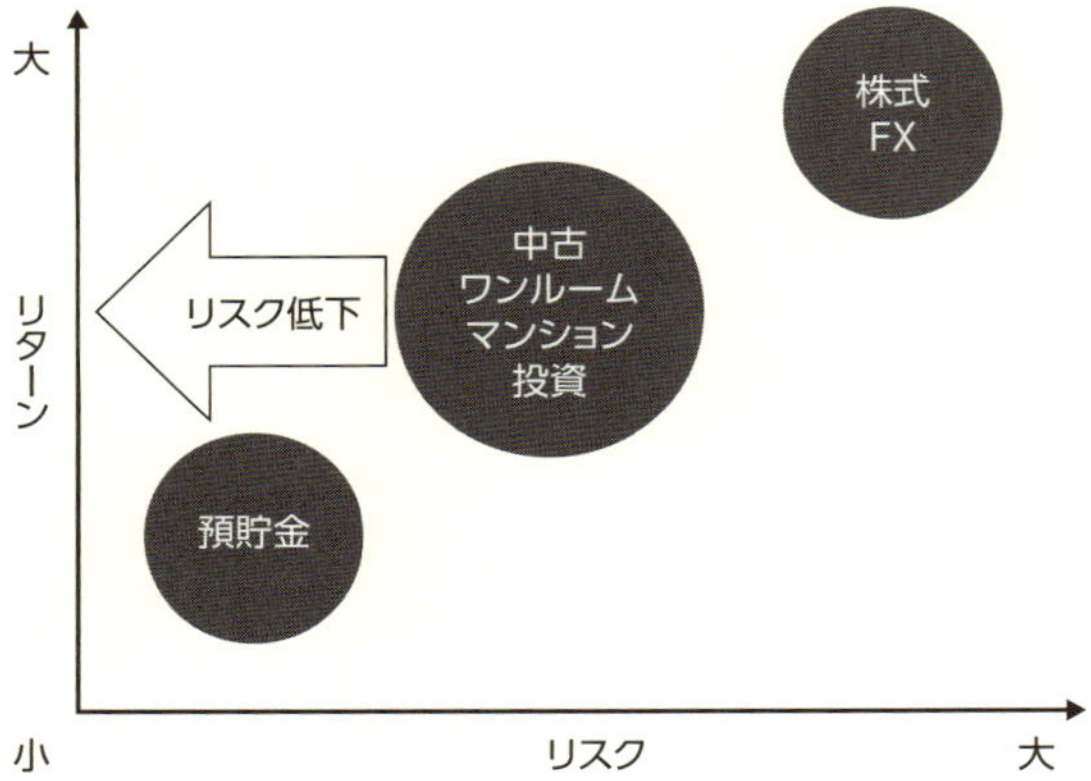

ション投資はローリスク・ミドルリターンの投資になります。

世界的に見ると、日本の不動産は安価で利回りがいいと言われます。政情や経済が安定していることもあり、日本の不動産を購入したいと希望する外国人投資家は年々増加しています。

彼らの支持により、日本の不動産は今後も長く価値が維持されるものと考えられます。

第6章

不動産投資で
着々と資産を増やしている
7人のサラリーマン投資家

一人暮らしがきっかけでマンション経営に関心を抱くようになったAさん

氏名：Aさん
年齢：26歳
職業：自動車販売業
家族構成：独身
保有しているワンルームマンション：1室
【保有物件①】
場所：大阪市中央区
購入時の築年数：約18年
購入価格：1200万円
月々の家賃収入：6万円／月
返済期間：35年
月々の返済額：3万9322円
管理費・修繕積立金：1万1620円
表面利回り：6%
月々のキャッシュフロー：約9058円（固定資産税など除く）

《マンション経営を知ったきっかけ》

大学を卒業後、Aさんが就職したのは大手自動車メーカー系列の販売会社でした。それまで実家暮らしをしていたため、一人暮らしは初めて。仕事についても覚えることがたくさんあり、最初は少し苦労しました。

でも、社会人になって3年を過ぎるころには、仕事にも慣れてきます。もともと、自動車が大好きだったAさんにとって、お客さまに車を紹介し、お世話をする仕事は大きなやりがいが感じられるものでした。

一人暮らしにも慣れ、料理や洗濯もテキパキとこなせるようになってきます。都会で自由を満喫する暮らしの楽しさに目覚めたAさんですが、そこでふと、気になったのが自分の暮らしを支えてくれる住まいのことでした。

Aさんが住むワンルームマンションは通勤に便利な駅前にあり、ほとんどいつも満室です。「一体どんな人や会社がこのマンションの持ち主なのだろう？」「ぼくが支払う家賃で十分利益が出るのだろうか？」

日々、営業マンとして働いていることもあり、興味がわくと調べてみたくなります。Aさんはマンション経営についてインターネットで情報を集めたり、書籍を購入して読んでみたりするようになりました。

《マンション経営をしようと決心した理由》

マンション経営について調べていくうちにわかってきたのは立地の重要性でした。Aさんが住むマンションは都心部の駅近にありました。最寄り駅までは徒歩3分という近さであり、電車に乗れば乗り換えることなく、15分で勤務先の最寄り駅に到着します。

Aさんが生まれ育った町と異なり、夜遅くまでいろいろなお店や施設が営業していることも、一人暮らしの身にはありがたい環境です。コンビニエンスストアや深夜まで営業している居酒屋なども近所にそろっているので、遅くまで残業した日も食事に困ることがありません。

自身を振り返ってみても、マンションを探す際にもっとも重視したのは立地でした。最初に内覧した際、建物の古さは少し気になったものの、通勤に便利で、かつ周辺の環境も一人で暮らすのにはとても便利そうだったので、入居を即決したのです。「交通の便がよく、一人暮らしの人に便利な環境にある物件、という条件さえしっかり押さえて選べば、長く安定的に収益をあげられるはずだ」そんな風にAさんは考え、ワンルームマンション投資をやってみようと決心したのです。

《大阪の物件を選んだ理由》

需要のある立地が大切だと認識したAさんですが、国内には大都市圏と言われるエリアがいくつかあります。東京を中心とする首都圏はもちろん、大阪、名古屋、福岡など人口が集中するエリアは数カ所あり、どの立地を選ぶのかは投資家が判断すべき重要な要素です。

そんな中、Aさんが大阪を選んだのは「よく知っている」ことが理由でした。大阪の近郊で生まれ育ったAさんが就職後、一人暮らしを始めたのは大阪市内でした。近隣の環境については「どこがどんな町なのか」、詳しく理解できているので、大阪にある物件を購入する方が安心だったのです。

自身が生まれ育ち、働いているエリアについては、交通の便や周辺の雰囲気、ワンルームマンションへの需要なども容易に把握できます。

問い合わせてみた複数の不動産会社からは首都圏の物件や福岡の物件なども勧められましたが、初心者のうちは自身が地元事情をよく知っているエリアで投資を行いたいというのがAさんの考えでした。

《物件選びで苦労したこと》

初めての中古ワンルームマンション投資だったので、最初は戸惑うことが多かったと言います。物件情報サイトで情報収集をして、問い合わせてみたところ、返ってくるのは「一度会ってお話を」という声がほとんどでした。

しかしながら、顔を合わせて話を聞いてしまうと、断れなくなるのでは、という心配が大きいため、結局は「また今度」と、当初は見送るばかりで、情報収集はなかなか進みません。

そんな中、電話で感じがよさそうな会社があったので、勇気を出して話を聞きに行くことにしたのが、弊社を不動産投資のパートナーに選んでいただいた始まりだったそうです。

後でうかがったところ、心配したような強引な売り込みはなく、むしろAさんが中古ワンルームマンション投資を希望する目的などを聞き取って、それに合う物件はどのようなものかを一緒に考えてくれるなど、とてもフレンドリーに話せたため、弊社に好感を持っていただけたとのことでした。

その時、弊社が紹介した物件は購入にいたらなかったのですが、その後、Aさんは他の不動産会社にも連絡を取って、さまざまな物件を検討しました。弊社にも、再度連絡があり、希望に合いそうな物件が見つかったら紹介してほしい、とご依頼をいただきました。

1か月後、Aさんの条件に合う物件が見つかったので、連絡を差し上げたところ購入を決めていただけたのです。

《マンション経営をはじめてみて》

初めての投資に不安いっぱいのAさんでしたが、現在は安心しきっていると言います。

当初の目論み通り、駅近の中古ワンルームマンション1室をフルローンで購入。今年の冬で、物件を保有するようになって2年がたちます。

当初はいろいろと不安があるため、月に何度も管理を請け負っている弊社に問い合わせがありました。弊社でも、そんなAさんの心中を察して、あれこれとまめに連絡を入れていましたが、最近では「問題はほとんど起きないようだ」とAさん自身が気づいたため、問い合わせはほとんどなくなりました。

弊社からの連絡も、家賃の振り込みを知らせる案内を毎月、お送りする程度です。便りがないのは無事の報せと言いますが、思った以上に手間がかからないことを喜びながらも、Aさんは「ちょっと寂しい」と感じるようになったそうです。

保険を見直した友人にならって不動産投資を始めたBさん

氏名：Bさん
年齢：29歳
職業：電機メーカー勤務
家族構成：独身
保有しているワンルームマンション：2室

【保有物件①】
場所：大阪市浪速区
購入時の築年数：約13年
購入価格：１５００万円
月々の家賃収入：６・７万円／月
返済期間：35年
月々の返済額：４万８１６４円
管理費・修繕積立金：1万３１５円
表面利回り：約5・３％
月々のキャッシュフロー：約８５２１円
（固定資産税など除く）

【保有物件②】
場所：大阪市西区
購入時の築年数：約18年
購入価格：１３００万円
月々の家賃収入：６万円／月
返済期間：35年
月々の返済額：４万１７４１円
管理費・修繕積立金：９７４０円
表面利回り：約5・5％
月々のキャッシュフロー：約８５１９円
（固定資産税など除く）

《マンション経営を知ったきっかけ》

Bさんがマンション経営について知ったのは学生時代に親しかった友人の結婚がきっかけでした。新婚家庭を訪れたBさんは友人がマンション経営を始めたことを知って驚きます。

Bさんが理由を訊ねると、保険の見直しをしてみたところ、マンション経営に行き着いたと友人は答えました。独身時代からコツコツと貯金に励んできた彼でしたが、結婚を機に家族のことも真剣に考えるようになったのです。

本書でも紹介したとおり、ワンルームマンション投資にはローリスクで資産を増やせるのに加え、生命保険としてのはたらきもあります。

その話を聞いて、Bさん自身もほとんど何も考えることなく、生命保険に加入していることに気づきました。職場に出入りしている保険外交員に勧められて加入しただけのものであり、資産作りなどの効果は期待できません。

「借入を使うから、自己資金は要らないんだ」

友人の言葉を聞いて、マンション経営に対する関心が俄然高まったBさんでした。

《マンション経営をしようと決心した理由》

保険はリスクをカバーするために加入するものです。したがって、生命保険の代わりになるからと言って、中古ワンルームマンション投資にリスクがあるなら、手がける意味はない――慎重派のBさんは当初、そんな風に考えていました。

ですから、書籍を購入するなど、さまざまな情報を集めて、中古ワンルームマンション投資のリスクについて研究を重ねました。その結果、物件を的確に選んで、基本的なリスク対策を怠らなければ、ローリスクで資産を増やせる投資である、と判断できました。

さらに言えば、団体信用生命保険はBさんが加入している生命保険と同等の保障内容があり、がんを発症した時や多くの成人病による入院時などにも頼りになります。

そういったメリットに惹かれたBさんは、先に不動産投資を始めていた同級生に相談して、自分も中古ワンルームマンション投資を始めることにしました。

《大阪の物件を選んだ理由》

Bさんが同級生から紹介されたのは弊社でした。弊社ではBさんの希望を聞き、幅広くさまざまな物件を紹介しました。初心者であるBさんはどうしても、最初は目移りしてしまいます。高い利回りに惹かれて、地方の物件を検討してみたり、見栄えのいい新築の物件に魅力を感じたり、と心が揺れ動きました。

そんな中、大阪でワンルームマンションを購入すると決めたのは、価格と利回り、それに需要のバランスが一番よい選択肢だと感じたためでした。東京に比べるとずいぶん価格が安い割に、家賃はそれほど低くないため、十分な黒字を維持できるだけの利回りが期待できます。需要も高いので、空室リスクもありません。

弊社にあれこれ相談し、自身でも勉強を重ねた結果、Bさんは大阪が投資に最適だと判断したのです。

《物件選びで苦労したこと》

弊社がパートナーとしてさまざまな面から支援したため、物件選びでBさんが苦労と感じたことはあまりなかったそうです。強いて言えば、Bさんの希望に添って、さまざまな地域の物件を提示したため、かえって目移りしてしまい、どのエリアに絞るのか、ずいぶん迷ったことが最大の苦労だった、とBさんは語っています。

《マンション経営を始めてみて》

投資という言葉のイメージもあり、当初は山あり谷ありをある程度想定していたBさんですが、特になんの問題もなく、安定的に家賃収入から利益を得ています。リスクを感じるようなできごとは物件を保有して以来、一度も起きていません。

手がけてみて、マンション経営の安定性を実感できたので、保有している金融資産を見直して2室目を購入。数年内に3室目も購入しようかと考えています。利回りの低い定期預金や、資産としての価値がない死亡保険、がん保険などを思い切って見直せば、暮らしの安心を犠牲にすることなく、より効率よく資産を形成できるのではないか、というのがBさんの考えです。

きっかけはセミナー！「お金を働かせよう」と投資を始めたCさん

氏名：Cさん
年齢：33歳
職業：公務員
家族構成：妻と二人暮らし
保有しているワンルームマンション：2室

【保有物件①】
場所：大阪市北区
購入時の築年数：約10年
購入価格：1600万円
月々の家賃収入：6・7万円／月
返済期間：35年
月々の返済額：5万572円
管理費・修繕積立金：7300円
表面利回り：約5・0％
月々のキャッシュフロー：約9128円
（固定資産税など除く）

【保有物件②】
場所：大阪市天王寺区
購入時の築年数：約17年
購入価格：1290万円
月々の家賃収入：5・9万円／月
返済期間35年
月々の返済額：4万773円
管理費・修繕積立金：8700円
表面利回り：約5・4％
月々のキャッシュフロー：約9527円
（固定資産税など除く）

《マンション経営を知ったきっかけ》

Cさんが中古ワンルームマンション投資に関心を持ったのは、ロバート・キヨサキ氏の著書「金持ち父さん・貧乏父さん」を読んだのがきっかけでした。この本は、世界中で出版され、日本では累計300万部を売り上げるベストセラーとなっています。

お金についてさまざまな考え方を教えてくれる書籍ですが、盛り込まれている主なテーマの一つに「お金のために働くな。自分のためにお金を働かせよ」という考え方があります。

その方法の一つとして推奨されていた不動産投資にCさんは興味を持ち、弊社が主催するセミナーに参加してみたのです。

公務員として働いてきたCさんにとって、不動産投資はまったく未知の世界でした。自分に理解できるか、やや不安を持ちながらの参加でしたが、弊社のセミナーでは初心者でも理解しやすいよう、社員が丁寧な説明を心がけています。

セミナーを聴講後、マンションを購入して経営するという投資について理解し、そのメリットに惹かれたCさんはぜひとも手がけてみたいと思うようになったそうです。

《マンションを経営しようと決心した理由》

Cさんが中古ワンルームマンション投資に魅力を感じたポイントは長期的な安定収入が期待できることでした。もともと、Cさんが公務員を志した一番の理由は、倒産やリストラのリスクがないことです。

念願叶って公務員として働くことができたので、現役時代の収入にはほとんど心配がありません。ただし、老後は別です。まだ30代の自分が年金を受け取るころ、支給額は大幅に引き下げられており、生活を賄うのにはとうてい足りないだろう、とCさんは認識していました。

しかしながら、公務員なので、現役の間に副業で収入を確保するわけにはいきません。そこで中古ワンルームマンション投資をと考えるようになったのです。

《大阪の物件を選んだ理由》

セミナーに参加し、需要の大きい立地を選ぶことが成功の秘訣だと知ったCさんは大都市圏に絞って物件を探すことにしました。国内ではもちろん、東京が最大の大都市なので、当初、購入を検討していたのは東京でした。

人口が多い東京は空室リスクが少ないため、長期的に安定した収益をあげるのにはもっとも適していると考えていたのです。ただし、東京はその分、物件価格が高いため、利回りは国内でも最低レベルの低さです。長期的な安定は得られるものの、さすがにリターンが少なすぎる、とCさんも感じました。

その点、大阪は東京に比べて人口は少ないものの、インバウンド景気に加え、万博開催やIRの誘致など、大きな経済成長が期待できる要素が多数あるため、確実に盛り上がっていくと考えられるエリアです。

慎重派のCさんでしたが、将来を見据えた時、リスクは小さくチャンスが大きいのは大阪だと判断し、投資するエリアとして選んだのです。

《物件選びで苦労したこと》

中古ワンルームマンション投資を手がけたいと希望する投資家に物件を紹介する不動産会社は国内に非常にたくさんあります。業務の質や考え方には大差があり、玉石混淆の状態と言えます。

顧客ファーストの姿勢で誠実に対応する不動産会社がある一方、自社ファーストで営業している不動産会社もあり、一般の人が見分けるのは容易ではありません。

Cさんも物件選びよりも不動産会社選びに苦労したそうですが、不動産会社選びが成否のカギ、という認識があったからこそ成功できたとも言えます。不動産会社は中古ワンルームマンション投資における非常に重要なパートナーなので、苦労して慎重に選んだことで、Cさんはよい物件と出会えたのです。

《マンション経営を始めてみて》

最終的に物件探しを弊社に依頼したCさんがあげたのは「今後長く安定的な収益を得ること」という目的でした。それに適した物件を探してほしい、という依頼を受けて、弊社ではその希望に即していると判断できた物件をCさんに勧めました。

詳細なシミュレーションを行った上で、推奨した物件なので、実際に購入して経営してみた結果は、シミュレーションとほぼ同じになりました。保有している2室の年間の収支は安定的に黒字で推移しているのに加え、立地をしっかり選んだため、ほとんど常に入居者が付いており、安定的な収益という目的をしっかりクリアできています。

老後の私的年金として
中古ワンルームマンション投資を始めたDさん

氏名：Dさん
年齢：42歳
職業：建設業
家族構成：妻と子供2人の4人家族
保有しているワンルームマンション：2室

【保有物件①】
場所：大阪市中央区
購入時の築年数：約17年
購入価格：1200万円
月々の家賃収入：6・3万円／月
返済期間：35年
月々の返済額：3万9200円
管理費・修繕積立金：8700円
表面利回り：約6・3％
月々のキャッシュフロー：
約1万5100円（固定資産税など除く）

【保有物件②】
場所：大阪市北区
購入時の築年数：約17年
購入価格：1280万円
月々の家賃収入収入：6万円
返済期間：35年
月々の返済額：4万1821円
管理費・修繕積立金：1万9000円
表面利回り：約5・6％
月々のキャッシュフロー：約7279円
（固定資産税など除く）

《マンション経営を知ったきっかけ》

年金の破綻は多くの人にとって、現実的な問題となりつつあります。賢明な人ほど、早くから情報を集めて備えようとしていますが、Dさんもそんな自身の老後に関心が高い人の一人でした。

NHK取材班の著書『老後破産～長寿という悪夢』を読んだことがきっかけで老後資金の事について真剣に考えるようになり、なにか暮らしを守る策はないかと考えるようになったそうです。

同書は通販サイトAmazonでも、高く評価されているルポルタージュで、すでに現実に起きている老後破産の悲惨な現実が詳しく描かれています。また、日常的な病気やケガなどささいなきっかけで、破産に追い込まれてしまう老後の経済的危うさについても語られており、一読すると、備えなき老後の恐ろしさがヒシヒシと伝わってきます。

危機感を抱いたDさんは解決策を求めて、書籍をさらに読んだりファイナンシャルプランナーなどの専門家に話を聞いたりと情報を集めました。そんな中、老後の暮らしに関する情報を伝えるセミナーに参加した際、マンション経営が解決策になり得ることを知ったのです。

《マンションを経営しようと決心した理由》

老後の資金についてはさまざまな考え方があります。たとえば、「定年後から人生をまっとうするまでには○千万円必要」などという情報が語られることがありますが、その対策として、一定額の資産を持っておけばよい、という考え方は危険です。想定よりも長く生きてしまった場合には、人生の終盤になって生活費が足りなくなる可能性があるからです。

医学の進歩は著しく、今後、長寿化がさらに進むことも考えられるので、それぞれの人にとって、自分が何歳まで生きるのか、何年分の老後資金を用意すべきかを判断するのは困難です。そのため、必要なのは毎月一定の金額を受け取れる「年金型」の資産だと言えます。

保険商品の中にも、このニーズを満たしてくれるものはあります。個人年金保険

（終身年金）と呼ばれるもので、自分で積み立てたお金を老後、分割して受け取る仕組みです。預けた保険料を保険会社が運用するので、一定の利回りを期待できます。

Dさんも当初は保険会社の外交員に勧められて、この保険への加入を検討していましたが、詳しく調べるうちに利回りの低さに気づいたそうです。運用されるのは支払った保険料の一部なので、実際の利回りはかなり低く、銀行の定期預金程度なのです。月々、保険料を支払わねばならない上、定期預金程度の利回りとなると、メリットはかなり小さいと言えます。

一方、中古ワンルームマンション投資は基本的にほとんど出費がありません。負担するのは購入時の諸費用くらいであり、仲介を利用することなく1400万円の中古ワンルームマンションを購入した場合、40万円程度の出費にとどまります。ローンを返済している間も一定の黒字が手元に残る上、高齢になりローンの支払いが終わると、家賃から管理費等を差し引いた金額を毎月得ることができます。まさに、年金がわりの収入を確保できるのです。

何歳まで生きることになっても、マンションが存在する限り、家賃収入が入るので、非常に安心感の大きい老後生活の資金源と言えます。さらに、万が一大きなお金が必要になった場合には、売却することもできるので、経済的な状況に合わせて使い方を選ぶことも可能です。

そういったメリットを理解したDさんは生命保険ではなく中古ワンルームマンション投資を選択。2室を保有しようと決心したのです。

《大阪の物件を選んだ理由》

Dさんが当初、投資先として検討していたのは東京でした。やはり人口が多い東京は大きな需要が長く続くと期待できるので、老後の年金代わりとして、物件を保有するのには適していると考えたのです。

しかしながら、東京の物件は非常に価格が高く、総じて利回りがよくありません。不動産会社に紹介された大阪の物件を確認してみたところ、あらためて東京の物件が五輪バブルもあり高騰していることに気づいたDさんは大阪の物件に関心を持つようになりました。

大阪というエリアについて調べてみると、万博の開催、IRの誘致、大阪駅前の再開発など、大きなイベントやそれに関連する開発計画が目白押しであり、将来的に需要の拡大が期待できます。その一方、物件価格はまだそれほど値上がりしていないので、高利回りが期待できます。そのことに魅力を感じたDさんは最終的に大阪で、違う区にある2室を選んだのです。

《物件選びで苦労したこと》

新築物件の品質や性能は仕様書を見ればわかります。入居者についても新たに募集するため、投資家自身の好みに合わせて、ある程度審査基準を厳しくするなどの工夫が可能です。

一方、中古ワンルームマンションの場合には、築年数やリフォームにより品質や性能が物件ごとに異なるので、価値を判断するのがたいへんです。また入居者がすでに居住している場合には、どんな人か、滞納はあるのかなどの情報が必要であり、情報を集めて判断するのに、Dさんは大きな労力を要しました。

最終的に、信頼できる不動産会社に出会うことが先決だと判断し、不動産会社選びに力を注いだところ、弊社と出会い、希望に近いお手頃な物件を購入できたといいます。

《マンション経営を始めてみて》

大きな問題を感じることなく、順調に経営できていますが、一度だけ、入居者の不手際で水漏れが発生し、下の階のクロスや家電製品に被害が出てしまいました。

連絡を受けてあわてたDさんでしたが、入居者に保険加入を求めていたため、クロス貼り替えの費用や壊れた家電製品の賠償などについて賄うことができました。

保険会社や下の階の部屋を保有するオーナーとのやり取りについては、管理を請け負っている弊社が対応したので、Dさん本人は手間をかける必要もなく、トラブルを収めることができました。

株式投資から中古ワンルームマンション投資に乗り換えたEさん

氏名：Eさん
年齢：52歳
職業：医薬品会社勤務
家族構成：妻と子供2人の4人家族
保有しているワンルームマンション：3室

【保有物件①】
場所：大阪市福島区
購入時の築年数：約10年
購入価格：1200万円
月々の家賃収入収入：6・2万円
返済期間：32年
月々の返済額：4万834円
管理費・修繕積立金：1万1100円
表面利回り：約6・2％
月々のキャッシュフロー：約1万66円
（固定資産税など除く）

【保有物件②】
場所：大阪市西区
購入時の築年数：約13年
購入価格：1300万円
月々の家賃収入収入：6・5万円
返済期間：32年
月々の返済額：4万4237円
管理費・修繕積立金：1万1850円
表面利回り：6％
月々のキャッシュフロー：約8913円
（固定資産税など除く）

【保有物件③】
場所：大阪市北区
購入時の築年数：約15年
購入価格：１６００万円
月々の家賃収入収入：６・８万円
返済期間32年
月々の返済額：５万４４４６円
管理費・修繕積立金：７１３０円
表面利回り：５・１％
月々のキャッシュフロー：約６４２４円
（固定資産税など除く）

《マンション経営を知ったきっかけ》

投資に関心が高いEさんは若いころから株式投資を手がけてきました。それなりにお小遣い程度は稼いできたEさんですが、年齢もあり、そろそろ老後の生活資金源としても活用できる投資はないかと貪欲に探していました。

老後の資金源となると、重視するのは長期的な安定です。ハイリスク・ハイリターンの株式投資は不向きであり、もっと安定感のある投資案件はないものか、というのがEさんにとっての課題でした。

そんな中、書店で偶然手に取った書籍との出会いから、中古ワンルームマンション投資のことを知り、関心を持つようになったそうです。

《マンション経営をしようと決心した理由》

株式相場は国内外のさまざまなできごとに影響されます。最近では日本と直接関係のないイギリスのEU離脱問題やトランプ大統領の発言などにより上下することがある上、それぞれの企業の決算予想や関連業界で起きた事件などによってももちろん株価は大きく変動するので、投資額が大きくなると、心穏やかに運用するのが困難です。

とはいえ、一定以上の利益をあげようと思うと、ある程度の資金を動かす必要があり、株価をみては一喜一憂する生活に、Eさんは消耗を感じるようになりました。

一方、マンション経営の場合、物件購入後は自分が判断したり行動するよう求められたりする機会はほとんどありません。基本的には管理会社に任せきりでも家賃収入を得ることができます。

さらに言えば、複数の物件を持つことで、リスクを分散できるので、Eさんは中古ワンルームマンション投資を手がけることに決めたのです。

《大阪の物件を選んだ理由》

株式投資の経験があったEさんは家賃収入に加え、うまく売買を行えば、キャピタルゲイン（売買差益）による収益も得られるのではないかと考えました。その点、東京の物件は価格が高騰した状態で高止まりしており、うま味がほとんどありません。

その点、大阪の物件はまだまだ値上がりしていないのに加え、町全体がインバウンドで盛り上がり、さらには万博やＩＲへの期待で開発が進んでいることから、将来的には値上がりが期待できます。そんな風に考えたEさんは大阪で中心6区のうち異なる3区にある物件を選んだのです。

《物件選びで苦労したこと》

不動産の世界には一部にアンフェアな商習慣がまだ残っており、Eさんも初めて投資する際にはずいぶん戸惑ったと言います。インターネット上の物件情報サイトで、これはという物件を見つけて不動産会社に連絡を取っても、「商談中」などと言われ、物件の存在についてお茶を濁されるケースが続きました。

たいていは「他にもいい物件があるから、来社してください」などと言われるので、Eさんは怪しいと思い、足を運ばなかったそうです。最終的には、セミナーの聴講をきっかけに、弊社に連絡をとり、物件の購入を依頼することになりました。

《マンション経営を始めてみて》

株式投資とは異なり、不動産投資にはキャッシュフロー（お金の流れ）という考えがあります。実際のお金の流れであるキャッシュフローと帳簿上の流れは異なるため、キャッシュフローに注目することが必要なのです。

たとえば、家賃収入は入居者が入っている限りほぼ一定ですが、支出については

1章 2章 3章 4章 5章 6章

毎月発生する固定費（ローンの支払いや管理費・修繕積立金）と月ごとに発生したり金額の大小が生じたりする変動費（入居者が入れ替わる際の清掃費用や入居付けを依頼する仲介会社への支払いなど）を分類すると、収益の予想や経営上の判断をしやすくなります。

Eさんもそんなキャッシュフローについて理解し、観察を続ける中、自身の家計のキャッシュフローについても気にするようになりました。家計について固定費と変動費を分類して、チェックしてみたところ、無駄を省いて出費を大幅に減らせるようになりました。収入を確保し、出費をコントロールできるようになったことから、老後の暮らし方について、一つの目処がついたとEさんは語っています。

住んでいたマンションを賃貸に出したことで投資にも関心を持つようになったFさん

氏名：Fさん
年齢：29歳
職業：広告代理店勤務
家族構成：夫と二人暮らし
保有しているワンルームマンション：２室（１ＬＤＫ含む）

【保有物件①】
場所：大阪市中央区
購入時の築年数：約３年
購入価格：２２００万円
月々の家賃収入収入：７・９万円
返済期間：35年
月々の返済額：５万７１０８円
管理費・修繕積立金：１万３８００円
表面利回り：約４・３％
月々のキャッシュフロー：約８０９２円
（固定資産税など除く）

【保有物件②】
場所：大阪市西区
購入時の築年数：約12年
購入価格：１３５０万円
月々の家賃収入収入：６・５万円
返済期間：43年
月々の返済額：３万７７４１円
管理費・修繕積立金：１万３１０円
表面利回り：約５・７％
月々のキャッシュフロー：約１万６９４９円（固定資産税など除く）

《マンション経営を知ったきっかけ》

仕事が楽しく、大きなやりがいを感じていたFさんはキャリアアップを目的とする人生設計を思い描いていました。結婚すると、夫の転勤等、自身の人生設計を変更しなければならないことも出てきます。それなら生涯独身でいい、と考えていたそうです。

そのため、Fさんは早くに1LDKのマンションを購入し、快適に暮らしていました。

ところが、そんな彼女に転機が訪れます。縁あって結婚することになったのです。二人で住むとなると、一人暮らしを想定して購入したマンションは手狭です。Fさんはそれまで住んでいた1LDKのマンションを賃貸に出すことに決め、夫が購入したファミリー向けのマンションで暮らすようになりました。

成り行きでマンション経営を始めるようになったFさんですが、手がけてみると、手間もかからない上、手堅く収益をあげられる投資であることに気づきました。

「最初から投資目的で物件を購入するのもよいのでは？」……そんな風に感じるよ

うになり、マンション経営について本格的に調べるようになったそうです。

《マンション経営をしようと決心した理由》

それまで居住していたマンションを賃貸に出してみて、Fさんがすぐに実感したメリットは経済的な充実でした。家賃収入で単純に金額が増えたのはもちろん、収入源が増えたため、気持ちに余裕を持って働けるようになったのです。

それまでは、意に沿わない仕事を押しつけられても、「断ると職場に居づらくなるかもしれない」という思いがあり、仕事を選べませんでした。マンションを賃貸に出すようになってからは、収入源が増えたことで安心感が生まれ「どうしても嫌な仕事は引き受けない」という選択が可能になりました。

暮らしの安心感という意味では生命保険や医療保険の代わりにもなる、ということにFさんは大きな魅力を感じました。大きな病気をしたときには、団体信用生命保険により残債が支払われるので、家賃収入の大半を得ることができます。

これから長い人生を賄う収入源の一つとして、マンション経営に大きな魅力を感じたことから、Ｆさんは物件購入を決心したのです。

《大阪の物件を選んだ理由》

広告代理店勤務という職業柄、Ｆさんは社会のトレンドには敏感でした。国内経済の動向にも明るいＦさんから見て、大阪には投資先として大きな魅力があると言います。実際、長く経済面での停滞が続いてきた大阪ですが、近年はその分、急激に開発が進んでおり、今後開催されるイベントの予定も目白押しです。本書でも紹介したとおり、万博の開催やＩＲ誘致を間近に控える中、市内の中心的なビジネスエリアである中之島地区やうめきた地区でも開発が急ピッチで進められています。インバウンド景気が右肩上がりで増大するなど、観光やビジネスの国際的な拠点として、今後さらに盛り上がっていくことが予想されます。

経済が盛り上がれば、人が流入し、住まいへの需要はさらに大きくなります。しかしながら、中心部の本当に便利なエリアには空き地が少なく、新しい物件は登場しにくいため、どうしても供給が足りず、需要過多の状態が続くはずです。

その分、空室リスクは低く、家賃や物件価値の下落も起きにくいはず、とFさんは考え、大阪で中古ワンルームマンションを購入することにしたのです。

《物件選びで苦労したこと》

不動産投資の初心者が陥りやすい罠の一つに、「自分目線で物件を選んでしまう」ということがあります。自身が住む物件を探す時と同じ感覚で、投資するために購入する物件を選んでしまうのです。

女性の場合は特に、自身が住む物件について厳しい条件を付けがちです。築年数や価格、家賃といった基本的な条件に加え、「建物の外観がおしゃれでないと……」「TVモニターつきインターフォンは絶対」「浴室乾燥はほしい」「徒歩五分以内にコンビニがないと……」など、自分が住むのであれば、必要だと考える条件を投資用の物件にも求めることが少なくありません。

そうなると、すべての条件を満たす物件はなかなか見つからない、という問題が発生してしまうのです。Fさんも当初、その罠にはまってしまい、なかなか物件を購入できませんでした。

《マンション経営を始めてみて》

物件選びで苦労したFさんですが、ご縁があって弊社と出会い、アドバイスを受けたことで、考え方が変わったそうです。「とにかく立地のよい物件にこだわって選んでみては?」と弊社では助言したのですが、そのアドバイスが腑に落ちたと言います。とはいえ、初心者だっただけに、購入後は「妥協してしまった」と不安を抱くこともありました。購入後半年ほどで退去の連絡があった時には心配で胃が痛んだほどでした。

しかしながら、退去の翌月には入居者が決まったことから、あらためて立地の重要性を痛感したそうです。その後も、保有する物件はほぼずっと入居者が入っており、空室になることはありません。

安心感と収益の高さを実感したFさんは、ゆくゆくは3室目、4室目と物件を増やしていくつもりでいます。

50代までに不労収入をと計画していたGさん

氏名：Gさん
年齢：26歳
職業：商社勤務
家族構成：独身
保有しているワンルームマンション：2室

【保有物件①】
場所：大阪市北区
購入時の築年数：約10年
購入価格：1400万円
月々の家賃収入収入：6・5万円／月
返済期間：44年
月々の返済額：3万7529円
管理費・修繕積立金：1万1850円
表面利回り：約5・5％
月々のキャッシュフロー：
1万5621円（固定資産税など除く）

【保有物件②】
場所：大阪市福島区
購入時の築年数：約11年
購入価格：1480万円
月々の家賃収入収入：6・7万円／月
返済期間：44年
月々の返済額：3万9673円
管理費・修繕積立金：1万1620円
表面利回り：約5・4％
月々のキャッシュフロー：
1万5707円（固定資産税など除く）

《マンション経営を知ったきっかけ》

Gさんには、自身が子供のころに父親がリストラに遭い苦労した経験がありました。一時は給食費すら支払えず、恥ずかしい思いをしたことを鮮明に覚えており、本業以外の収入源をいかにして確保するか、学生のころから真剣に考えていました。周りの学生がアルバイト代を遊興費に使う中、Gさんはアルバイトで稼いだお金で株式を購入するなど、独自に勉強を重ねていたのです。

就職する際にも、安定と高収入を一番の条件と考えて大手商社を志望。希望通りに職を得られたものの、終身雇用が確保されたと信じるのは危険だと考えており、投資についての勉強は続けていました。

そんな中、知ったマンション経営こそ、自分の希望に合う投資だと感じ、強い関心を持つようになりました。

《マンション経営をしようと決心した理由》

父親のリストラがトラウマとなっているGさんが安心して暮らすためには、なるべく早くに本業以外の収入源を確立することが必須でした。実際、大手商社でも50代半ばになれば「肩たたき」が始まります。会社の状況が厳しければ、リストラされてしまうこともあるでしょう。

自身の将来をそんな風に考えたGさんは投資による収益をどんどん拡大すべきだと考えていました。具体的には「50代になった時には生活を賄えるだけの収益」という目標を立てており、そのためにはなるべく早くから、安定的な収益を得られる投資に取り組む必要があると思っていたのです。

学生のころから株式投資やFX投資を手がけてきましたが、本業が多忙な商社マンにとって、タイムリーな情報取得や対応が求められるそういった投資は不向きです。一瞬で大きな金額が動くため、本業の合間に相場を見て売り買いを行うというやり方では、安定的な収益は期待できません。

そんなGさんにとって中古ワンルームマンションは理想的な投資対象でした。入居者さえ入っていれば収益が安定している上、経営に必要な業務は管理会社が担ってくれるので、自身が動く必要はほとんどありません。

これこそ、自分が求めていた投資だと考えたGさんはさっそく物件を2室購入することにしました。

《大阪の物件を選んだ理由》

商社マンは転勤が多い仕事です。Gさんの会社でも、多くの社員は退職までに5回以上の転勤を経験します。海外を含め、世界のどの都市に配属されるかわかりません。ですからGさんが大阪を投資先に選んだのは、純粋にコストパフォーマンスがよく、より安心安全な投資を行えると感じたからです。

東京は人口が多く、国内でもワンルームマンションの需要がもっとも大きい都市ですが、その分、物件価格も高額です。

一方、大阪にはお手頃価格の物件が多いので、東京の物件を1室買う資金で大阪なら2室を購入できることがあります。

保有する物件が1室の場合と2室の場合を比べると、投資のリスクは段違いに低下します。たとえば、空室リスクが10％の地域で1室だけを保有していた場合、その物件が空室になるリスクは10％です。ところが、同じエリアで2室を保有していた場合、2室ともが空室になるリスクは10％の半分の5％になるわけではありません。

2室とも空室になるリスク＝10％×10％＝1％

2室ともが空室になるリスクはこのように計算できるので、1／10の1％にまで下がります。

安定的な収益を求めるGさんは空室リスクを防ぐためにも大阪での投資を選択したのです。

《物件選びで苦労したこと》

Gさんが苦労したのは信頼できる不動産会社になかなか出会えないことでした。

インターネット上で情報を検索して、不動産投資セミナーに何度か顔を出してみま

1章 2章 3章 4章 5章 6章

したが、参加者が少ないセミナーでは、すぐに個別相談会という形式に変わってしまうことが少なくありません。

まだ、いろいろな物件について情報を集めて勉強したい段階なのに、「欲しいのはどんな物件ですか?」と訊ねられて、困ってしまうことが時々ありました。そんな中、粘り強くいろいろな不動産会社と接してみて、最終的には弊社に出会えたことが、成功につながったとGさんは語っています。

《マンション経営を始めてみて》

初めての経験だったので、中古ワンルームマンションを購入した翌月はちゃんと家賃が振り込まれるか、Gさんもずいぶん心配したそうです。また、入居者の退去も心配の種でした。

ふたを開けてみると、家賃はもちろん毎月きちんと振り込まれ、これまでのところ入居者の退去もありません。特に自身が考えたり動いたりすることがなにもないので、仕事が忙しい中、保有している中古ワンルームマンションのことなど忘れている日の方が多くなりました。

当初、希望していたとおり、安定的に経営できている証でもあるので、Gさんは50代までには月々50万円以上の家賃収入が得られるよう、今後、物件数を増やしていくつもりでいます。

おわりに

本書を書くにあたって私はあらためて、自分が不動産投資とはまったく無関係の会社でサラリーマンとして働いていたころのことをあれこれ思い出しました。

弊社の岸代表という幼なじみがいたにもかかわらず、当時の私にとって、不動産投資は縁遠い世界の話でした。

勧誘の電話がかかってくれば「怪しい」と警戒し、たまたま関連する書籍を読むと「そんなに儲かるのか」と心が動く……今にして思えば、なにも分かっていなかったのです。

性格的には慎重派なので、不動産投資のことを知ってからも、自身がマンションを購入することなど考えられませんでした。マンションなんて買えるのはよほど勇気のある人かお金のある人だ、と考えていたのです。

当時、目にした本にはたいてい「儲かります」とやたらと書いてあったので、逆に、そんなに儲かるなら、リスクも大きいのだろう、と考えていたのです。

実際に、自分が中古ワンルームマンション投資のお手伝いをする立場になって、そんな考えは180度変わりました。

「儲かりますよ」なんてとうてい言う気にはなりません。短期で利益を上げたいのなら、むしろ株式やFX投資をすすめます。

もちろん、収益が得られる物件は珍しくありませんが、最終的な損益は物件を手放してみて初めてわかることです。立地さえ厳選すれば、まず赤字になることはない、と経験則ではわかっていても、あくまで投資なので、赤字が出ることだってあるのです。


ただし、本書でも解説した通り、生命保険の上位互換と位置づけるなら、中古ワンルームマンション投資には非常に高い価値があります。生命保険に加入している、あるいは加入を検討している人は、一度は中古ワンルームマンション投資について、基本的なことだけでいいので学んでみるべきだと私は考えています。

その上で、失敗する要因が見当たらない、と思えたら、ぜひ、投資家への第一歩を踏み出してみてください。

投資の成功には地の利と時の利が大切です。その点、本書で紹介した大阪ではその二つの利が今まさに熟しつつあります。

関心のある方はぜひ、ご自身でも調べて、大阪における中古ワンルームマンション投資が持つ可能性を確認してみてください。

令和元年9月吉日

原田　宏治

著者略歴

原田 宏治（はらだ こうじ）

大手OA機器メーカー営業職を経て、2015年に株式会社フォーリアライズに入社。その後、グループ企業であるFRプランニングに籍を移し、営業企画部長として活動している。
代表の岸洋嗣とは幼なじみ。不動産投資とは縁遠い企業で働いていた経験があるため、一般のサラリーマンの方の不安や考え方が理解できる。
収益を求めるだけでなく、むしろ経済的な守りを固めるためにワンルームマンション投資を利用すべきというのが持論。自身がワンルームマンション投資を手がけることで、経済的な安心を拡大できたので、セミナー等を通じて有益性を広く知らしめていきたいと希望している。

元OA機器営業マンが教える
サラリーマンはなぜ大阪で
中古ワンルームを買うのか？

著　者　原田 宏治
発行者　池田 雅行
発行所　株式会社 ごま書房新社
〒101-0031
東京都千代田区東神田1-5-5
マルキビル7階
TEL 03-3865-8641（代）
FAX 03-3865-8643
印刷・製本　精文堂印刷株式会社

ISBN978-4-341-08745-6 C0034

本書は情報の提供等を主な目的としており、賃貸経営が必ず成功することを保証したものではありません。本書を参考にされる場合も必ずご自身の判断と責任により行ってください。